KB092709

인스타마켓으로 '돈많은언니'가 되었다

인스타마켓으로 '돈많은언니'가 되었다

초판 인쇄일 2021년 6월 18일
초판 발행일 2021년 6월 25일
6쇄 발행일 2023년 1월 10일

지은이 염미솔
발행인 박정모
등록번호 제9−295호
발행처 도서출판 혜지원
주소 (413−120) 경기도 파주시 회동길 445−4(문발동 638) 302호
전화 031)955−9221~5 **팩스** 031)955−9220
홈페이지 www.hyejiwon.co.kr

기획 · 진행 박혜지
디자인 조수안
영업마케팅 황대일, 서지영
ISBN 978−89−8379−739−1
정가 15,000원

인스타마켓으로

'돈많은언니'가 되었다

혜지건

프롤로그

시중에 참 다양한 인스타그램 서적들이 있다. 어떻게 하면 팔로워를 많이 모을 수 있는지, '인스타 감성'의 사진을 잘 찍는 방법은 무엇인지, 나아가 인스타그램을 활용해 돈을 버는 노하우는 무엇인지까지. 그 책을 쓴 저자들에겐 공통점이 있다. 대부분 마케팅 회사 출신의 SNS 마케터들이라는 것. 그리고 책을 펼쳐 보면 각 분야에서 성공한 인플루언서들의 사례들이 예쁘게 편집되어 있다.

불현듯 궁금해졌다. 소위 마케팅 전문가라고 하는 그들이 책에 서술한 방식으로 인스타그램을 운영한다면 본인들이 이야기하는 만큼의 성과를 거둘 수 있을지. 만약 그럴 수 있다면 마케터로 일하는 것보다 더 큰 경제적 가치를 스스로 창출할 수 있지 않을까? 그런데 왜 그렇게 하지 않는 걸까?

나에게 컨설팅을 받은 사람들 중 일부는 SNS 전문가라고 불리는 사람들에게 이미 강의를 듣고 온 경우가 더러 있다. 이러한 전문가들 중 대다수는 SNS에서 제품이나 서비스로 수익을 창출하는 실전 전략보다 이론을 정리해 콘텐츠화시킨 마케팅 방법을 강의한다. 또한 이름을 들으면 누구나 알만한 유명 유튜브 채널을 통해 인스타그램 수익화 교육을 받은 분들도 있었다. 이야기를 나누다 보니 기본적인 인스타그램의 기능에 대해서는 익히 알고 있었지만 그것을 수익화시키는 과정에서 정보의 오류가 많았다. 강사가 직접 인스타마켓을 운영해 보지 않았기 때문에 그저 이론으로 아는 것을 실전에 적용했을 때의 문제점이나 마케팅 성과에 대한 경험이 없다는 걸 알았다. 그저 수박 겉핥기 식으로 머릿속의 지식을 나열하는 교육에 불과했다.

나는 마케팅 전문가는 아니다. 때문에 그들보다 마케팅 이론에 대해선 잘 모른다. 하지만 나에게 강의를 듣는 사람들, 그리고 이 책을 읽는 사람들은 이론을 공부하고 싶은 것은 아닐 것이다. 그들이 진짜로 원하는 것은 이론을 현실에 접목한 '경험'과 '실전 전략'이다.

나는 2015년 처음 네이버 블로그를 통해 온라인 사업을 시작했다. 블로그 이웃 50명을 대상으로 반찬 사업을 시작했는데 5년이 지난 지금은 인스타그램 비즈니스 계정 팔로워 2만7,000명, 개인 일상 계정 팔로워 1만 명을 보유한 유아 편집몰 라이크쏠의 대표가 되었다.

다섯 살짜리 딸이 유치원에 있는 다섯 시간 동안 사무실에 출근해 인스타마켓을 운영한다. 업무 시간은 하루 다섯 시간이지만 한 달 평균 매출 4,000만 원, 연 매출 5억 원 가량의 성과를 달성하고 있다.

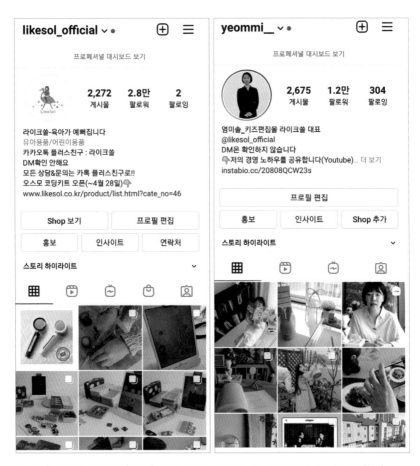

♥ 일상을 공유하는 개인 계정(오른쪽)과 제품 판매를 주력으로 하는 라이크쏠의 비즈니스 계정(왼쪽)

육아와 사업을 병행하면서도 '남편보다 돈 잘 버는 아내'가 된 지 오래다. 제품 발송 업무가 없는 날은 그 어느 곳에서라도 핸드폰 하나로 일을 할 수 있고, 내 아이가 나를 찾는다면 언제든 달려갈 수 있다. 지금은 유튜브와 다양한 강의 플랫폼을 통해 SNS 시장에 대한 정보를 쉽게 찾을 수 있지만 내가 처음 이 일을 시작했을 때만 해도 이런 내용을 공유해 주는 사람들이 없었다. 그래서 처음부터 끝까지 혼자 공부하고 부딪쳐 가며 배울 수 밖에 없었다. 운이 좋았다면 더 빠른 시간 안에 더 많은 돈을 벌 수도 있었겠지만 난 지난 5년 동안 지독히도 운이 없었다. 참 무식하고 미련하게 맨땅에 헤딩하듯 꾸역꾸역 내 힘으로 성과를 달성해 왔다.

지금은 도매 애플리케이션이 활성화된 덕분에 내 방 침대에 누워서도 팔릴 만한 제품을 찾는 것이 어렵지 않다. 하지만 난 사업 초기, 돌이 갓 지난 아이와 남편이 잠들면 매일 동대문종합시장과 남대문 새벽시장으로 달려가 발품을 팔며 내 두 눈으로 제품을 확인했다. 덕분에 돈 되는 상품을 골라내고, 물품 공급을 성사시키고, 나만의 스토리를 입혀 판매하는 인스타마켓 최적 노하우를 체득하며 스스로 성장했다. 그런데 소기의 성과를 달성한 인스타마켓 운영자 입장에서 현재 소비되고 있는 인스타그램 마케팅에 관한 콘텐츠들이 참 아쉬웠다. 누구나 다 전달할 수 있는 이론적인 마케팅 방법이 아니라 나만의 이야기를 들려드리면 어떨까 생각했다.

누구나 인스타마켓으로 부자가 될 수는 없지만 인스타마켓으로 성공한 사람들의 공통점은 분명히 있다. 이 방법들을 알고 시작한다면 내가 들인 5년이라는 시간보다 빠르게 자신의 사업을 확장시켜 나갈 수 있을 것이다. 아직도 인스타그램을 일상을 기록하는 일기장으로만 사용하고 있지는 않은가? 똑같이 사진을 찍고 똑같이 글을 쓰는데 누군가는 그것을 사업 기반으로 삼아 큰 돈을 벌고 있다. 이 책에 나와 있는 방법대로 차근차근 인스타마켓을 설계해 본다면 적어도 실패하지 않는 인스타마켓을 만들 수 있다. 남들보다 뛰어난 무언가가 없이도 시작할 수 있다. 거대한 창업 자금이 필요하지도 않다. 인스타그램 애플리케이션이 설치된 핸드폰 하나와 타인과의 소통을 위한 열린 마음만 가지고 있다면 누구나 쉽게 시작할 수 있다.

"돈을 버는 것이 쉬운 일은 아니다. 그러나 돈을 번다는 것이 대단한 일도 아니다."

이 책을 통해 나의 인스타마켓 운영 노하우를 아낌없이 공개한다.

인스타그램을 통해 브랜딩을 하고 싶으신 분

기존에 운영하고 있는 사업체의 홍보 채널을 확장하고 싶으신 분

나만의 사업을 시작해 보고 싶으신 분

무자본 창업을 꿈꾸시는 분

모두 환영한다.

라이크쏠 대표가 들려주는 '진짜 돈 버는 이야기', 지금부터 시작해 보자.

목차

Chapter 03

돈 버는 인스타마켓 만들기-기초

Chapter 04

돈 버는 인스타마켓 만들기-심화

Chapter 05

돈 버는 제품 사진의 비밀

Chapter 06

언니만의 상품 소싱법

Chapter 07

돈많은언니의 성공 전략/성공 키워드

Chapter 08

모두 돈 많은 사람이 되길 바라며

'돈많은언니'가
되기까지

없다는 것

───────── 나는 태어나서 고등학교 1학년, 17살이 될 때까지 대전에서만 살았다. 남부러울 것 없는 부자는 아니었지만 평범한 집안의 외동딸로 부족한 것도 넘치는 것도 없이 자랐다. 비싼 물건은 아니어도 갖고 싶은 것이 있으면 부모님께서 큰 고민없이 사 주셨다. 가고 싶은 곳이 있으면 가고, 먹고 싶은 것이 있으면 먹었다.

그런데 어느 날, 우리 가족은 모든 걸 정리하고 갑작스레 논산으로 이사를 가게 되었다. 건설업에 종사하시는 아버지께서 6개월이 넘도록 공사 대금을 받지 못하셨고 그게 장기화되자 어머니께서는 소위 말하는 '카드 돌려막기'로 생활비를 유지했다. 매달 나가야 할 돈은 정해져 있는데 밀린 대금은 나올 생각이 없으니 여기저기 돈을 빌려 생활하시다 결국 부모님은 신용불량자가 되셨다. 참 억울했다. 두 분은 단 한번도 사치하지 않으셨고, 성실하고 착하게 본인들보다 어려운 사람들을 도와주며 열심히 살았을 뿐인데, 두 분 인생에 남은 건 '빚' 밖에 없었다. 아버지는 밀린 대금을 받기 위한 소송을 진행하며 다른 일자리를 찾아다니셨고, 어머니는 식당에서 일을 했다. 카드사로부터 매일 걸려오는 독촉 전화가 아직도 귀에 맴도는 듯 생생하다.

열일곱 살의 한여름, 나는 어머니의 손을 잡고 신용회복위원회를 찾아갔다. 더 이상 방법이 없다고 생각한 부모님은 결국 '신용불량자'라는 신분을 인정하셨고, 그 날 이후 10년이라는 시간 동안 묵묵히 그 빚을 다 갚아 내셨다. 신용불량자는 신용 등급이 존재하지 않는다. 그래서 두 분은 빚을 다 상환할 때까지 신용카드 발급은 물론 모든 경제적 활동에 제약이 있었다. 사춘기 시절 갑작스런 인생의 변화를 겪게된 나는 '가난' 그 자체보다는 가난해졌다는 것을 '인정하는 것'이 더욱 힘들었다. 못난 자존심 때문에 친구들 앞에서도 항상 당당하고 여유 있는 척 연기를 했고, 일상생활 중 찾아오는 우울감과 무력감을 이겨 내기 위해 무던히도 많은 노력을 했다. 비참하게도 '가난'과 함께 나는 돈의 눈치를 보는 삶을 살게 되었다. **하고 싶은 일보다 돈이 앞섰고, 해야 할 일보다 돈이 앞섰다. '가난'은 시간을 더할수록 점점 더 깊게 내 인생을 간섭하곤 했다.** 학생 신분이었던 내가 할 수 있었던 한 가지는 공부밖에 없었다. 일류 대학은 아니더라도 제대로 된 회사에 취업을 할 수 있는 이름 있는 대학에 가는 것을 목표로 공부했다. 사교육은 생각할 수도 없었기에 수능이 아닌 수시를 목표로 내신 관리를 철저히 했다. 운이 좋게도 나는 1차 수시로 단국대학교에 합격했다. 당시 내가 지원한 학과의 경쟁률이 55:1이었는데 혼자 준비했던 영어 공부와 면접 공부를 통해 바로 합격 통지를 받았다.

'인서울' 대학(2005년 단국대학교는 서울 한남동에 위치해 있었다)에 합격했다는 기쁨도 잠시, 어머니는 그 소식을 듣고 오히려 깊은 고민에 빠졌다. 300만 원이 넘는 대학 등록금이 문제였던 것이다. "지방 국립대나 가지! 뭐 한다고 서울에 있는 대학까지 가니!" 지금까지 마음 깊숙히 남아 있는 한마디로 기억될 만큼 그때는 그 말을 하신 어머니가 참 미웠다. 그런데 내가 엄마가 되어 보니 그때 그런 말을 할 수밖에 없었던 어머니의 마음은 더 찢어졌을 것이라는 걸 깨달았다. 당시 1차 수시 합격생은 대학 등록 여부와 관계없이 정시를 보는 것이 불가능했다. 그래서 내가 선택할 수 있는 건 단국대학교에 등록을 하든지 아니면 재수를 하는 것이었다. 재수 생활을 뒷바라지해 줄 수 있는 여유도 없었기 때문에 나는 삼촌의 도움을 받아 대학 등록금을 납부할 수 있었다. 그렇게 나는 가난과 함께 스무살이 되었다.

'존버'에 실패하다

나의 '첫' 사업은 스물다섯, 대학교 3학년 때였다. 당시 가장 친한 친구와 200만 원씩을 들고 만나 여성복 온라인 쇼핑몰을 열었다. 70만 원은 사진 작업에 필요한 조립식 컴퓨터를 사는 데 사용하고 10만 원은 전신 거울을 샀다. 그리고는 무작정 동대문 밤시장을 돌아다니며 그냥 친구와 함께 입고 싶은 옷들을 사입했다. 20대의 패기와 뭐든 될 것만 같은 호기로움도 잠시, 당시 온라인 시장의 구조나 마케팅 방법을 전혀 몰랐던 우리는 불과 3개월 만에 400만 원을 날려 먹고 쇼핑몰을 그만두었다. 더 이상 새로운 제품을 사입할 돈이 없었기 때문이다. 도메인을 사서 홈페이지를 만들고 사진만 잘 찍어서 올려 두면 왜 알아서 제품이 팔릴 것이라고 생각했던 걸까. 몰라서 용감했던 당시의 쓸쓸한 기억을 교훈 삼아 다시는 '사업'에 발을 들이지 않겠다고 다짐했다.

이후론 취업을 위한 학교생활에 충실했다. 영어와 중국어 관련 어학점수도 올려 놓고, 각종 공모전에 나가 상을 받고, LG 계열사 중 한 곳에 들어가 인턴생활도 했다. 학점관리도 열심히 해서 이만하면 취업 스펙으로는 남들에게 뒤지지 않을 것이란 자신감도 있었다. 그렇게 취업 시장에 뛰어든 나는 50~60개 기업에 지원서를 넣었지만 면접 기회조차 주어지지 않았다. 오히려 스펙면에서 나보다 못한 친구들은 너 나 할 것 없이 취업에 성공했는데 이상하리만치 나에게는 취업의 문이 열리지 않았다.

그러는 동안에도 우리집 형편은 그닥 나아지지 않았다. 부모님은 여전히 하루하루를 성실하게 사셨지만 이미 들어선 가난의 굴레를 벗어나기란 쉽지 않았다. 오히려 가난의 끝이 없는 건 아닐까 항상 마음이 불안했다. 이런 가정 환경의 변화는 자존감을 무너뜨리고 자존심만 강하게 만들었다. 내 안의 에너지는 자꾸 부정적으로 바뀌어 갔고 내가 가진 능력보다 스스로의 가치를 낮게 판단했다. 마음은 자꾸 조급해져만 가고 끈기는 사라져 갔다. 끈기의 사전적 의미는 '쉽게 단념하지 아니하고 끈질기게 견디어 나가는 기운'이라고 한다. 하지만 나에겐 그 '기운'이라는 게 없었다. 우선 돈을 벌 수 있는 일이라면 뭐든 하고 싶었고 그렇게 여기에 기웃, 저기에 기웃거리면서 실속 없는 삶을 살았다.

그러다 아나운서가 되겠다며 아카데미에 등록을 했다. 꼭 해내고 말겠다는 마지막 오기를 끌어 모아 도전한 일이었지만 내 안의 조급

함은 앞길을 또 막았다. 내 인생은 '무언가 되고 싶은 삶' 보다는 '돈을 벌어야 하는 삶'으로 귀결되고 있었다. 결국은 또 몇 번의 오디션에 실패하며 포기의 길을 걸었다. 이제와 돌아보니 당시 같은 반에서 공부했던 친구들 중 끈기 있게 버티며 그 자리에서 방향을 찾아가던 이들은 모두 현재 방송국에서 일하고 있다. 그것은 외모나 실력의 월등함 보다는 이루고자 하는 의지의 결과였다.

그렇게 이리저리 휘청이던 중 NGO단체의 홍보팀 인턴으로 일을 한 적이 있었다. 한비야의 『그건 사랑이었네』, 『지도 밖으로 행군하라』 등과 같은 책들이 베스트셀러로 오르내린 시대에 살았던 나는 NGO에 대한 막연한 로망이 있었다. 그래서 겁도 없이 그곳에 발을 들였다. 당시 내가 살던 의정부에서 직장까지는 무려 편도 2시간! 지하철로 왕복 4시간을 출퇴근하며 9시부터 6시까지 일하던 내가 받은 월급은 고작 40만 원이었다. 그래도 열심히 하면 정직원이 될 기회가 주어지지 않을까 하는 희망을 품고 시키지 않은 일까지 찾아서 했건만 회사의 계획과는 무관한 개인적인 소망일 뿐이었다. 나는 가난이 싫었고 돈을 벌고 싶었다. 아니 돈을 벌어야만 했다. **그런데 이제와 생각해 보니 취업을 하지 못한 것이 내 인생의 가장 큰 행운이었다.**

다시, 사업을 하다

──────── 지금의 라이크쏠을 만들 수 있었던 온라인 사업의 시작은 바로 어머니였다. 2014년, 어머니는 긴 준비 끝에 경기도 포천 국립수목원 근처에 식당을 오픈했다. 봄바람 살랑이던 4월에 50평 규모의 식당을 이모와 함께 시작한 것이다. 관광지 안에 위치한 덕분에 다행히도 꾸준히 손님들이 식사를 하러 식당을 찾았다. 수목원을 방문하는 단체 손님들의 예약도 꽤 있었고 한 번 다녀간 분들의 소개로 알음알음 찾아오는 분들도 있었다. 대박이 터지진 않았지만 이대로 입소문만 나면 꽤 괜찮겠다 싶었다. 주변에서 일하시는 상인분들이 대놓고 밥을 먹을 정도로 음식 맛이 좋았다. 늦가을쯤 되었을까? 동네 상인분이 식당에 와서 밥을 드시며 말했다. "여기는 관광지라 겨울 매출은 각오를 하셔야 한다. 겨울엔 확실히 사람들의 발길이 확 끊기기 때문에 매출이 많이 줄어들 것이다."

식당은 오픈과 동시에 숨만 쉬어도 매달 나가야 할 돈이 존재한다. 임대료, 관리비, 재료비 등 수익 여부와 상관없이 지불해야 할 돈이다. 옆에서 지켜보던 나는 어머니의 고민을 덜어 보고자 온라인을 통해 겨울 동안 반찬을 팔아 보겠다고 했다.

당시 내가 운영하고 있던 것은 이웃이 50명도 채 되지 않는 네이버 블로그 하나 뿐이었다. 사업을 목적으로 시작한 것도 아니고 지금의 남편과 연애하던 날들을 기록하는 일기장 정도였다. 어머니가 힘겹게 오픈한 식당이 1년도 채 되지 않아 망하는 꼴은 보고 싶지 않았기에 그때부터 나는 본격적인 블로거가 되기로 했다.

가장 먼저 한 일은 주기적으로 블로그에 글을 쓴 것이다. 블로그든 인스타그램이든 재미, 감동, 정보를 지속적으로 제공해야 사람들이 모이기 때문이었다. 그리고 반찬을 사 먹을 만한 배경을 지닌 사람들(신혼부부나 워킹맘 혹은 자취생 등)을 찾아다니며 '서로이웃' 신청도 하고 댓글도 달아 주며 온라인 상에서 관계를 쌓았다. 운이 좋게도 친한 친구 중 파워 블로거가 있었다. 친구에게 엄마표 반찬을 보내 줘 본인 블로그에 소개해 달라고 부탁도 하고 이웃이 많은 사람들을 찾아가 협찬을 제안하기도 했다. 시간이 날 때마다 노트북 하나 끼고 앉아 오직 블로그만 했다. 그 결과 신기하게도 하나둘씩 반찬이 팔리기 시작했다. 한두 번 주문해 반찬을 먹은 후 어머니의 음식 솜씨에 반한 분들의 재구매율이 높았고 후기 글이 조금씩 쌓이면서 판매율이 매달 상승했다.

대학생 때 친구와 운영했던 온라인 의류 쇼핑몰과 비교해서 달라진 점은 고객을 찾아다니고자 하는 나의 적극성이었다. **당시엔 예쁜 옷 사진만 올려 두고 사람들이 알아서 들어오길 기다렸다면, 블로그 반찬 가게를 할 때는 고객이 될 사람들을 분석하고 내가 먼저 다가가 제품을 알린 것이다.** 당시 제품에 대한 소개와 판매는 모두 블로그를 통해서만 했다. 처음엔 일주일에 3~4일 주문을 받고 특정 요일에 일괄 발송을 하는 방식으로 진행했는데 점점 주문량이 많아져 당일 오전에 만든 반찬을 당일 발송하는 시스템으로 바꾸었다. 우체국 업무가 끝나는 6시 전까지 당시 내가 타던 노란색 경차 안에 스티로폼 박스를 가득 실어 나르곤 했다. 장사가 잘 되기 시작하면서 제품 개발에도 최선을 다했다. 기존에 운영 중이던 반찬 배달 사이트 중 장사가 잘되는 곳을 보면서 어떤 반찬이 가장 잘 팔리는지 분석하고 해당 식재료를 이용해 우리만의 스타일로 다시 만들었다.

가장 효자 상품은 바로 '김부각'이었다. 김부각을 만들어 보자고 아이디어를 내고는 찹쌀풀부터 건조 방식까지 하나하나 직접 연구했다. 기초가 되는 '김'은 어떤 걸로 해야 맛이 있는지 종류별로 구매해 만들어 보고 김을 두 겹 사용했을 때와 세 겹 사용했을 때의 식감을 비교했다. 찹쌀을 전부 갈아서 풀을 만들 때와 반만 갈아서 할 때, 자연 건조와 식품 건조기 사용 시 맛 차이를 비교해 보며 최적의 상품을 만들기 위해 노력했다.

식당 영업이 종료되면 매일 밤 찹쌀풀을 발라 50평 식당 테이블

♥ 바른맛찬 로고,
작은 마켓으로 시작했지만
구색은 갖추고 싶어
로고도 멋들어지게 제작했다.

♥ 바른맛찬을 계속 운영했다면 김부각은 분명 스테디셀러가 됐을 것이다.

가득 김을 건조하는 작업을 해야 했을 만큼 인기가 좋았다. 명절 특수를 고려해 김부각을 선물 세트로 구성해 팔기도 했었는데 운이 좋게도 회사 단체 주문들이 들어오면서 매출이 급상승하기도 했다. 뭔가 이대로만 열심히 하면 큰 돈을 벌 수 있을 것만 같았고 내 인생에서 처음으로 제대로 '돈'을 벌어 본 경험이기도 했다.

하지만 반찬 사업엔 특수성이 있었다. 배송 과정에서 날씨의 영향을 많이 받는다는 것이다. 먹는 제품인 만큼 위생도 중요했지만 변질 시 손님들의 건강과도 직결될 수 있는 문제였다. 게다가 겨울이 지나 날이 풀리기 시작하면서 식당을 찾는 사람들이 많아져 매일 반찬을 생산할 일손이 부족했다. 수익성은 보이지만 당시 내가 감당할 수 있는 사업군이 아니었다. 특히나 제품을 제작하는 주체가 어머니이다 보니 내가 직접 해결할 수 없는 부분이 존재했다. 그래서 과감히 반찬 사업을 정리했다. 만약 지금까지 반찬 사업을 유지했다면 어땠을까를 종종 생각해 보면 아쉬우면서도 여전히 욕심이 나는 사업 분야다.

라이크쏠의 모태를 만들다

반찬 판매는 중단했지만 다행히도 내 블로그에는 고객 약 1,000명이 남아 있었다. 블로그 이웃 50명으로 시작했던 반찬 가게가 그사이 성장한 것이다. 그래서 이후론 주방용품과 생활용품을 판매하는 쇼핑몰로 카테고리를 전환했다. 현재의 남편과 결혼 준비를 하고 있을 때라 인테리어와 집안 소품 등에 큰 관심이 생겼고, 사업으로 자연스럽게 연결시키면 되겠다 싶었기 때문이다. 당시엔 지금처럼 온라인 도매몰이 활성화되기도 전이었고 뭐든 직접 보고 결정해야 직성이 풀리는 성격 탓에 남대문 시장을 매주 나가서 돌아다니기 시작했다. 엉덩이 붙이고 앉아 고민하기보다는 직접 찾아다니며 부딪쳐 가는 방식을 선택한 것이다.

그러던 사이 '큐티폴'이라는 수입 커트러리가 유행을 타기 시작했다. 신혼부부들 사이에서 혼수 필수품으로 불릴 만큼 유명했고 주 판매처는 백화점이었다. 숟가락, 포크, 나이프, 디저트 스푼, 디저트 포크 이렇게 한 세트의 정가가 20만 원에 가까웠다. 그럼에도 불구하고 없어서 못 사는 품귀 현상이 벌어졌다. 이거다! 싶은 생각에 남대문 종합시장을 샅샅이 뒤져 해당 제품을 수입해 줄 사장님을 찾기 시작했다. 문제는 백화점에서도 수급이 어려울 만큼 물량이 귀해서 소규모 판매처인 나에게 제품을 공급해 줄 사장님을 찾는 게 쉽지 않았다. 모든 매장의 사장님들을 다 찾아다니며 큐티폴 좀 구해 달라고 사정을 했고 그렇게 발품을 판지 며칠이 지나 제품을 줄 수 있다는 사장님을 드디어 만났다. 사장님은 큐티폴 커트러리만 찾아 매일 같이 그릇 도매 상가에 출근 도장을 찍는 웬 젊은 처자가 있다는 소문을 들었는데 그 열정이 기특해 도와주고 싶다고 했다. 수입 제품인 만큼 입고하는 데 시간이 걸리기 때문에 사장님과 먼저 공급가에 대한 협상을 하고 제품 수입까지 얼마의 기간이 걸리는지를 체크했다.

그리고는 당장 집으로 돌아와 큐티폴 커트러리 판매를 시작했다. 역시나 반응은 폭발적이었다. 인기 있던 제품인 만큼 내가 먼저 홍보하지 않아도 검색을 통해 유입되는 고객의 수가 상당했다. 사람들에게는 먼저 주문을 받고 안내한 일자에 맞춰 물건을 공급하는 프리오더(pre-order) 방식으로 제품을 판매했다.

제품 판매 가격이 높았음에도 불구하고 놀랍게도 단 며칠 만에 매출 3,000만 원을 올렸다. 남대문 사장님께 달려가 하루라도 빨리 물건을 보내 달라고 요청했다. 그런데 약속한 2주가 지나도록 사장님

♥ 나에게 첫 대박 매출을 안겨 준 큐티폴 커트러리

은 제품을 공급하지 않았다. 그리고는 며칠이 더 지나서야 수입 과정에서 문제가 있어 해당 제품을 줄 수 없을 것 같다고 했다. 청천벽력 같은 소식이었다. 수익에 대한 욕심보다는 고객들에게 돈까지 미리 받아가며 약속한 제품을 제때에 보내 줄 수 없다는 점이 문제였다. 내가 운영하고 있는 쇼핑몰에 대한 신뢰가 흔들릴 수 있는 사건이었다.

사장님 말이 끝나자마자 당장 뛰쳐나와 다시 공급업자를 찾아다니기 시작했다. 눈에 뵈는 게 없었다. 공급단가가 높아도 상관없으니 우선 고객들과의 약속을 지킬 수 있는 것이 중요했다. 그렇게 반쯤 정신 나간 사람처럼 이리저리 뛰어다니며 알아보다가 다행히도 다른 사장님을 만나게 되었다. 정말 감사하게도 일주일 만에 해당 제품을 내가 필요한 수량만큼 공급해 주셨다. 단가도 오히려 더 저렴하게 책정해 주어 전화위복이 되었다. 이 사장님과의 인연으로 주방용품을 주력으로 팔기 시작했다. 국내 유명 작가들의 도기그릇 세트나 유명하지 않은 수입 제품 중 디자인이 예쁜 제품들을 골라 소개했다. 한번은

'9,900원의 행복전'을 기획했다. 꽃모양 찬기 5개를 세트로 묶어 판매했는데 저렴한 가격 때문인지 3일 만에 200세트가 넘게 판매되었다. 당시 임신 8개월 차였던 나는 남편과 집에 앉아 밤이 새도록 1,000여 개의 접시를 포장했다.

♥ 가내 수공업으로 택배 포장하던 시절. 남편은 이때부터 나의 가장 든든한 조력자였다.

문제는 접시 판매량이 많아질수록 포장하는 데 들어가는 시간이 많이 들었고 무엇보다 포장비가 너무 비쌌다. 특히나 마진이 높은 구조가 아니었기 때문에 배송 과정에서 혹여 파손이 생기면 마이너스가 되는 상황이 생기기도 했다. 쇼룸이나 사무실 없이 모든 업무를 집에서 처리했기 때문에 공간의 제약도 많이 받았다. 다시 한번 카테고리에 대한 정비가 필요한 시기가 온 것이다.

당시 임신부였던 나는 출산용품을 구매하기 위해 베이비페어에 방문한 적이 있었다. 마음에 드는 아기 이불이 있어 구매하려고 보니 가격이 상당히 비쌌다. 그 길로 나와 바로 동대문종합시장으로 향했다. 동대문종합시장은 우리나라 최대 규모의 원단 시장인데 직접 원단을 보고 내가 한번 만들어 보자 하는 생각에 찾아간 것이다. 그전까지 동대문 원단시장에 가 본 경험은 전혀 없었고 인터넷 검색을 통해 이런 곳이 있다는 정보만 알고 있는 게 다였다. 역시 '엄마'는 용감했다.

처음 방문한 동대문종합시장은 그야말로 신세계였다. 우선 그 규모가 어마어마했기 때문에 어디서부터 어디까지 어떻게 둘러봐야 하는지도 생소했다. 무턱대고 발품을 팔며 그냥 둘러봤다. 이후로도 일주일에 몇 번씩은 동대문종합시장을 방문했다. 처음엔 종합시장 내에서 길을 좀 익혀 보자 하는 생각이 먼저였고 이후엔 내가 원하는 스타일의 원단 판매처를 찾아야겠다는 생각이었다. 동대문종합시장은 A동부터 D동까지, 지하 1층부터 6층으로 이루어져 있다. 몇 번 둘러본다고 파악할 수 있는 수준의 규모가 아니었다. 그래서 그냥 계속 갔다. 이전에 본 적이 없는 카테고리의 제품이다 보니 신기하기도 했고 재미있었다. 그렇게 여기저기 둘러보던 어느 날 내 마음에 쏙 드는 원단을 발견했고 그 제품으로 내 아이를 위한 첫 이불을 만들었다. 이 제품이 바로 지금의 라이크쏠을 만들어 준 첫 번째 아이템이었다.

인스타마켓의 시작

———————— 그 사이 SNS 플랫폼에도 많은 변화가 생겼다. 블로그를 사용하던 수많은 유저들이 인스타그램으로 옮겨가기 시작한 것이다. 블로그는 사진과 함께 장문의 글이 요구되는 플랫폼인 반면 인스타그램은 사진 한 장으로 소통할 수 있는 조금 더 직관적인 스타일의 채널이었다. 시간과 노력을 많이 기울여야 하는 블로그에 비해 운영이 쉽고 간편했기 때문에 그동안 블로그를 하지 않던 많은 사람들이 인스타그램 안에서 활동하기 시작했다. 시대적 흐름에 발 맞추어, 나 역시 자연스레 인스타그램에 가입했고 처음엔 블로그와 인스타그램을 함께 운영했다. 초반엔 인스타그램 팔로워보다 블로그 이웃이 훨씬 많았기 때문에 블로그에 들이는 시간이 더 많았다. 신기하게도 나라는 사람은 그대로인데 채널 전환율이 생각보다 낮았다. 즉 블로그 이웃들 중에 인스타그램으로 이동해 나를 팔로우해 주는 사람들이 적

어 인스타그램 내에서 다시 사람들을 모으는 작업을 해야만 했다.

블로그 내에서 계속 마켓을 진행하며 인스타그램은 홍보 채널 중 하나인 보조 도구로 사용했다. 마켓 진행에 앞서 제품에 대한 정보나 사진을 인스타그램에 먼저 올려 두고 궁금한 사람들은 인스타그램을 통해 먼저 제품 정보를 확인할 수 있도록 유도했다. 인스타그램 내에서 팔로워들을 확보하기 위해 관심 해시태그를 타고 들어가 소통하는 작업도 활발히 했다. **인스타그램 해시태그는 내가 타겟하는 상대를 바로바로 찾아서 들어갈 수 있다는 장점이 있었다.**

관심사가 비슷한 사람들을 타겟하여 '좋아요'도 눌러 주고 댓글도 남기면서 온라인상의 인맥을 쌓아 갔다. 그렇게 인스타그램 내에서 팔로워가 1,000명쯤 모였을 때 상호명을 라이크쏠로 바꾸고 처음 만들었던 이불을 판매하기 시작했다. '뱃속에 있는 내 아이를 위해 만든 첫 번째 이불'이라는 제작 의도 때문인지 생각보다 많은 수량의 이불이 판매되었다.

제품 카테고리를 바꾼 후 첫 판매가 성공적이었기에 자신감을 가지고 또 다른 제작 상품을 생산했다. 다른 업체에서 판매하지 않는 제품을 판매하고 싶은 욕심에 직접 고른 원단 끝에 손바느질로 방울도 달고 신생아용 양말을 구매한 뒤 어울리는 인형을 달아 라이크쏠만의 색깔이 분명한 제품을 생산했다. 역시나 반응이 좋았다. 이불의 각 모서리마다 방울 4개를 직접 손바느질로 달았다. 주문이 50개만 들어와도 방울은 200개를 달아야 하는 작업이었다. 만삭의 몸으로 밤이 새도록 손바느질을 하며 힘든 줄도 모르고 제품을 만들었다. 내가 직접 제작한 제품이 상품 가치를 인정받는다는 것은 짜릿하고 가슴 설레는 경험이었다.

♥ 가내 수공업으로 바느질해 만든 패브릭 제품(아래쪽) 과 판매를 위해 촬영했던 샘플 사진(위쪽)

인스타마켓으로 '돈많은언니'가 되었다

♥ 양말에 손수 벌 방울을 달아 나만의 상품을 만들었다.

이때까지도 인스타그램은 마케팅을 위한 보조 수단으로 사용하며 블로그로 제품 판매를 시작했기에 판매 방식은 반찬을 팔 때와 동일하게 진행했다. 상시 판매가 아닌 공동 구매 형식으로 계속 제품을 판매했다. 공동 구매 형식이라 함은 일정 기간을 정해 주문을 받고 주문 기간이 종료되면 들어온 수량만큼 제품을 제작해서 보내 주는 형태였다. 미리 주문을 받고 이후에 물건을 보내 주는 프리오더(Pre Oder) 방식이라고도 한다.

만약 라이크쏠에서 판매한 제품이 여기저기서 판매를 진행하고 있는 도매 공급 제품이었다면 이 방식을 적용할 수 없었을 것이다. 다른 곳에서 '즉시 배송'으로 물건을 받아볼 수 있는데 굳이 라이크쏠에서 며칠을 기다릴 소비자는 없기 때문이다. **하지만 라이크쏠 만의 제작 상품이라는 희소가치가 있었기에 사람들은 제작 기간을 감안하고라도 주문을 했다.** 임신부의 몸으로 마켓을 계속 진행할 수 있었던 이유도 이 방식이 1인 기업으로 운영하고 있는 나에게 굉장히 효율적이었기 때문이다.

컴퓨터 앞에 매일매일 앉아 CS를 처리하지 않아도 되었고 주문 들어온 수량만큼만 제작하면 되기 때문에 재고 부담도 없었다. 또한 포장과 배송도 한 번에 끝낼 수 있으니 시간을 자유롭게 쓸 수 있다는 장점이 있었다. 연 매출 5억 원의 마켓을 현재도 혼자 이끌어 갈 수 있는 이유는 여전히 이러한 판매 방식을 고수하고 있기 때문이다. 지금껏 그 누구의 도움 없이 아이를 키우며 일을 병행할 수 있었던 비결도 여기에 있다. 이렇게 점점 인스타그램 안에서 라이크쏠이 자리를 잡아갈 때쯤 나는 대형 사고를 치고 만다.

진퇴양난,
스스로 판 무덤

라이크쏠의 매출이 안정화되기 시작하면서 나는 오프라인 쇼룸에 욕심을 갖기 시작했다. 실체가 없는 온라인 상점보단 내가 판매하는 제품을 잘 보이는 곳에 예쁘게 디스플레이 해 두고 사람들과 직접 거래를 할 수 있는 쇼룸을 오픈하고 싶었다. 온라인 상에서 제품을 구매하는 소비자들 역시 쇼룸이 있으면 판매자에 대한 불안감 없이 '라이크쏠'이라는 브랜드를 더 신뢰할 수 있을 것만 같았다. 매일 남편을 졸랐다. 당시엔 나보다 남편의 수입이 더 좋았기 때문에 도움을 받을 수 있는 상대가 남편뿐이었다. 그리고 나는 출산 후 100일쯤 된 아이를 키우고 있었는데 지금 생각해도 제정신은 아니었던 것 같다.

평소 굉장히 이성적이고 논리적인 남편은 이 상황에서 쇼룸을 오픈했을 때의 문제점을 하나하나 나열하기 시작했다. 쇼룸이 생기면 매일 정해진 시간 동안 문을 열어야 하는데 온라인 업무와 병행할 수 있을지, 직원을 둔다면 당장의 인건비는 어떻게 할 것인지, 아직 걷지도 못하는 아기를 누구에게 맡길 것인지 등등. 지금 생각해 보면 남편의 우려가 모두 맞는 말이었다. 하지만 난 이미 '쇼룸'을 가져야겠다고 마음먹었다. "내 꿈을 짓밟지 마."라는 경고를 날렸다.

다행인지 불행인지 이 소식을 들은 시아버지께서 적극 지원을 해주겠다고 하셨다. 당시 겁멋이 잔뜩 들었던 나는 시아버지의 지원을 받아 인적은 드물고 월세는 높은 동탄 신도시 어디쯤에 30평대 쇼룸을 계약했다. 신축 상가를 계약했기에 인테리어부터 시작해야 했고, 어떻게든 최대한 적은 돈으로 완성시켜야 했다. 종합 인테리어 업체와 계약하지 않고 각 파트별 시공자만 고용하는 셀프 인테리어 방식으로 쇼룸을 만들어 갔다. 한여름인 7월~8월 동안 인테리어 공사를 시작했는데 당시 6개월이었던 아기를 아기띠에 안고 나가 현장 감독을 하기 시작했다. 에어컨은 커녕 선풍기 한 대도 제대로 안 돌아가는 현장에서 6개월 된 아기를 가슴팍에 달고 집에 돌아오면 아기는 머리끝부터 발끝까지 땀으로 젖어 있었고 내 옷 역시 앞뒤 가릴 것 없이 모두 땀범벅이었다. 그럼에도 힘든 줄 몰랐다. 그저 내 사업을 확장할 수 있다는 사실만으로 기뻤다.

쇼룸이 있기 이전에는 매출의 압박이 없었다. 앞서 말한대로 프리오더 방식으로 판매를 진행했기에 판매할 제품이 있으면 팔고 없으면 쉬었다. 많으면 한 달에 2번 정도 제품을 소개하며 남편이 벌어오

♥ 드디어 생긴 나의 쇼룸, 처음엔 정말 설레었다.

는 돈에 생활비를 얹는 정도의 수익이었다. 재고 부담이 없었기에 안 팔려도 그만이었다. 과소비를 하지 않았기 때문에 수익이 적어도 생활하는 데는 전혀 문제가 없었다.

그런데 쇼룸을 오픈하고부턴 상황이 달랐다. 내 수익과 관계없이 매달 나가야 하는 고정비가 생긴 것이다. 월세, 관리비, 각종 공과비만 200만 원이었다. 즉, 내가 200만 원 이상을 벌지 않으면 우리집 수입에 마이너스가 되는 삶이 시작된 것이다. 최소 300만 원은 벌어야 고정비 200만 원을 제외하고 시아버지께서 지원해 주신 돈으로 한 달에 100만 원은 벌었다고 남편 앞에 면이 서는 상황이었다. **막연하게 나만의 쇼룸을 갖고 싶다는 꿈이 현실이 되는 순간, 그 대가는 생각보다 잔인하다는 걸 알았다.**

쇼룸 오픈 소식을 들은 지인들이 여기저기서 찾아와 물건을 사준 덕분에 첫 달은 고정비를 지출하고도 남을 만큼의 돈이 들어왔다. 하지만 그 다음달부터가 문제였다. 이제부턴 진짜 내 힘으로 눈앞에 닥친 위기들을 헤쳐 나가야 했다. 가장 큰 문제는 '이불'이라는 아이템이 가진 한계성에 있었다. '이불'은 재구매가 많은 제품이 아니었다. 생각해 보면 이불은 한 번 사 두면 몇 년을 사용할 수 있는 제품이었다. 나 역시 이불을 판매하는 사람이지만, 내 아이의 이불은 자주 쓰는 1~2개로도 족했다. 때문에 계속해서 새로운 고객을 유치하지 않으면 매출이 고정적으로 발생할 수 없는 상황이었다. 카테고리에 대한 정비가 다시금 필요했다.

타겟에 맞는 제품들 중 재구매가 자주 일어날 수 있는 제품군이 어떤 것이 있을지 고민했다. 매일 밤 아이가 잠들고 나면 새벽 3~4시까지 새로운 아이템을 찾았다. 눈이 벌겋게 제품을 찾다 핸드폰을 손에 쥔 채로 잠드는 날이 허다했다. 이후에 쇼룸을 정리하고 나서야 지인들이 말하길 당시 나는 항상 누군가에 쫓기는 사람처럼 반쯤은 제정신이 아닌 것처럼 보였다고 한다. 사실이었다. 내가 벌려 놓은 일을 수습하기에 바빴다. 쇼룸 한쪽에 플레이텐트를 하나 준비해 두고 아기와 함께 쇼룸에 출근했다. 그 안에서 아기 기저귀를 갈아 주고, 분유를 먹이고, 낮잠을 재우면서 함께 일했다. 그래도 내 아기를 내가 데리고 다니면서 일할 수 있다는 사실에 감사했다. 일을 하면서 아기를 볼 수 있다는 것도 축복이라고 여겼다.

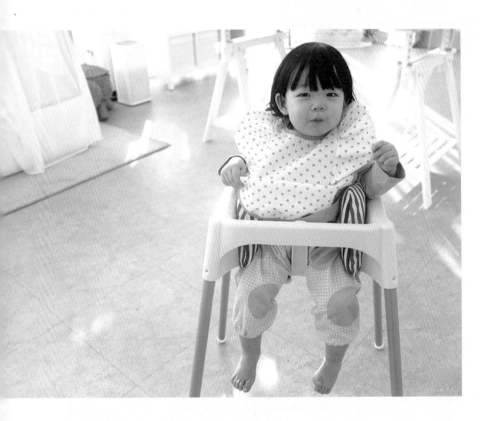

♥ 쇼룸에서 일하면서 딸도 키우던 시절. 내 딸에겐 저 플레이텐트가 집이나 다름없었다.

인스타마켓으로 '돈많은언니'가 되었다

다행히 한 번도 마이너스를 낸 적은 없었다. 남편의 월급은 고스란히 지켜줄 수 있을 만큼 수익이 들어왔다. 문제는 워낙 인적이 드문 곳에 쇼룸이 있었기에 일부러 찾아오는 손님들 외에 지나가다 들리는 고객들이 너무 적었다는 것이다. 결국 온라인 수익으로 쇼룸의 고정비를 채우는 구조가 되었다. 패브릭 제품군 한계에서 벗어나 타겟층에 맞는 다양한 제품들을 소싱해서 판매하기 시작했다. 그야말로 '살아남기 위해' 전투적으로 인스타그램 계정에 집중하며 차별화된 제품들을 판매하기 시작했다. 아이러니하게도 '온라인 쇼핑몰 라이크쏠'은 '오프라인 쇼룸'을 운영하던 2년 동안 급성장했다. 지금의 매출 구조를 만들어 준 원동력이 쇼룸이라고 해도 과언이 아니다.

만약 내가 수익의 압박 없이 온라인상에서만 제품을 판매했다면 현재와 같은 규모의 라이크쏠을 절대 만들지 못했을 것이다. 아마 지금도 아기를 키우며 한 달에 100만 원 정도 버는 것에 만족하며 지냈을지도 모른다. **눈앞에 닥친 위기가 내 생각과 행동을 움직이게 하는 힘이 되었고, 단기간에 빠른 성장을 가능하게 했다.**

쇼룸 계약기간인 2년이 끝나고 난 후엔 지금의 사무실 체제로 시스템을 바꾸었다. 라이크쏠 전체 매출의 90%가 온라인에서 발생했기 때문에 굳이 쇼룸을 운영하며 고정비를 계속해서 지불할 이유가 없었다. 방문 고객이 적은 쇼룸에 일정 시간동안 '나'라는 인력을 묶어 두는 것보단 시간을 자유롭게 활용하며 해야 할 일을 처리하는 것이 더 효과적이었다. 코로나 사태를 예견한 것은 아니지만 돌아보니 탁월한 선택이었다.

사무실에 출근해 일하는 시간은 딸이 유치원에 있는 10시부터 3시까지다. 딸의 등하원을 모두 내가 직접 하며 하원 후 시간 역시 직접 내가 딸을 케어하고 있다. 하루 5시간의 업무만으로 월 평균 4,000만 원의 매출을 달성하는 데 전혀 문제가 없다. 만약 내가 조금 더 시간을 쏟는다면 지금보다 더 많은 매출을 낼 수 있을 것이라 확신한다. 하지만 이 시기의 아이에겐 '일하는 엄마'보다 '같이 시간을 보낼 수 있는 엄마'의 역할도 중요하다고 판단하기에 그 이상의 시간을 투자하지 않는 것이다.

과거의 나를 돌아보며 '그때 조금 더 열심히 할 걸!' 이라는 생각은 단 한 번도 해 본 적이 없다. 나는 항상 '내가 생각해도 그때의 나는 정말 미쳐 있었구나' 라고 회상할 만큼 일에 몰두했다. 그런데 내가 미친 듯이 투자한 그 2년이 지금의 안정적인 수익 구조를 만들어 줬다고 생각하니 그 시간들이 더 값지게 느껴진다. 하루에 5시간만 일을 해도 내 아이가 필요로 하는 모든 것들을 주저 없이 지원해 줄 수 있고 아이가 원하는 시간엔 언제든 '엄마'로서의 역할을 채워 줄 수 있다.

돈, 그 '천박한 것'에 대한 고찰

        ———————— 돈의 양면성에 대한 이야기를 많이 한다. 돈은 없으면 불편하지만 너무 많아도 안된다고들 한다. 어린 시절 동화책을 보면 놀부는 심술이 덕지덕지 붙은 나쁜 사람으로 묘사되고, 신데렐라의 새엄마는 못된 계모로 나온다. 스크루지는 돈이 있으면서도 쓰지 않는 구두쇠 영감이고, 성경에서는 부자가 천국에 가는 것이 낙타가 바늘구멍에 들어가는 것보다 힘들다고 가르친다.

    이러한 영향 때문인지 나는 자연스럽게 부자는 탐욕스럽고 악한 존재로, 가난은 정직하고 선한 존재로 인식하며 자랐다. 부자들은 항상 편법을 활용해 돈을 벌고 돈을 무기로 약한 사람들을 괴롭히는 존재라고 생각했다. 그래서 돈이 많은 사람들은 그 외에 다른 인생의 문제들이 분명히 있을 것이라고 여겼다. 저 사람은 가정이 화목하지 않을 거야, 건강상의 문제가 있을 거야, 지혜롭지 못할 거야 등 '재력'을 상쇄시킬 수 있는 다른 부정적인 요인들을 찾으려고 노력했다. 그러다 문득 '부자'에 대해 가지고 있는 선입견과 '돈'에 대한 부정적인 태도가 내 삶을 제한하고 있다는 사실을 깨달았다.

왜 우리는 '부자'를 꿈꾸면 안되는 걸까?

왜 내 인생의 목표가 '돈을 많이 버는 것'이 되면 천박해지는 걸까?

왜 돈은 '수단'이 되어야지, '목적'이 되어서는 안된다고 얘기하는 걸까? 돈을 수단으로 여기는 인식이 우리를 '돈'과 멀어지게 하진 않았을까 생각해 본다.

2020년 8월 나는 비즈니스 유튜브 세계에 뛰어들었고 채널명을 '돈많은언니'로 정했다. 나를 꾸미는 말에 '돈'이라는 명사를 붙이기까지 수없이 많은 고민을 했다. 나를 스스로 천박하게 만드는 이름은 아닌지 마지막까지 주저했다. 하지만 '돈 버는 방법'에 대한 콘텐츠를 다루는 사람이 언제까지 돈을 꺼려야 할 것인가 생각하니 의외로 고민은 쉽게 정리되었다. '돈'에 대한 인식을 바꾸기로 했다. 다시 생각해보면 돈을 천박하게 만드는 것은 '돈' 그 자체가 아니라 그것을 사용하는 '사람'에게 있다. 그래서 나는 '돈 버는 것'을 목적으로 하되 그것을 어떻게 하면 더욱 고상하게 사용할 수 있을 것인지 고민하는 사람이 되기로 했다. 그리고 '돈'을 더욱 사랑하기로 했다. 우리가 무언가를 사랑하면 하루 종일 그 대상에 대한 생각이 머릿속에서 떠나질 않고 어떻게 하면 조금 더 가까워질 수 있을지, 더 많은 시간을 함께 보낼 수 있을지를 고민한다. 지금껏 '돈'을 벌기 위한 고민들을 치열하게 한

적이 있는가? 어떻게 하면 내가 가진 능력으로 '부'를 창출할 수 있을지 머릿속을 꽉 채워 생각해 본 적이 있는가? '부자'가 되고 싶다고 생각하면서 매주 로또를 사는 것에만 시간과 돈을 쓰지는 않았는가? 이 세상에 '돈'을 벌 수 있는 방법은 수만 가지가 존재한다. '부자'가 되는 사람은 그것들 중 몇 가지를 알고 있는지, 습득한 지식을 어떻게 실행력으로 옮기는지에 따라 결정된다.

나는 돈을 벌 수 있는 방법을 크게 네 가지로 나눠 보려 한다.

첫 번째는 부동산을 활용해 임대 사업으로 돈을 버는 것이다. '조물주 위에 건물주'라는 말이 있듯이 노동 시간 대비 안정적인 소득을 매달 얻을 수 있다는 장점이 있다. 하지만 거액의 초기 투자금이 필요한 사업 분야로 진입 장벽이 높다는 것이 최대 단점이다.

두 번째는 금융 상품 또는 주식을 통해 돈을 버는 것이다. 적은 돈으로도 투자를 시작할 수 있다는 장점은 있지만 정치 경제 사회에 대한 전반적인 공부를 꾸준히 하지 않으면 장기적으로 자산을 불리기 힘들다.

세 번째는 콘텐츠로 돈을 버는 것이다. 내가 가진 지식이나 능력을 상품화해서 판매하는 것으로 책을 출판하는 것, 유튜브를 운영하는 것, 강의 시장에 진출하는 것 등이 해당된다. 초기 자본이 필요하지 않다는 장점이 있지만 본인만의 차별화된 콘텐츠가 없다면 쉽게 진입할 수 없는 분야다.

마지막으로는 제품을 판매하는 유통 시스템으로 돈을 버는 것이다. 온·오프라인 상점뿐만 아니라 무역업, 플랫폼 사업, 네트워크 사업 등이 이에 해당한다. 유통은 어떤 형태의 사업을 시작하느냐에 따라 초기 자본이 천차만별이지만 누구나 쉽게 시작할 수 있다는 장점이 있다.

나는 이 책에서 네 번째에 해당하는 방법으로 돈을 버는 방법을 공유하고자 한다. **특별한 기술이나 재능이 없이도 인스타그램을 활용해 충분히 돈을 벌 수 있고 심지어 무자본으로도 내 사업을 꾸릴 수 있다는 장점이 있다.** 시공간의 제약 없이 일을 하면서도 '남의 일'을 대신해 주고 월급을 받는 평범한 직장인(내 남편과 같은)보다 많은 돈을 벌 수 있다. 돈에 지배당하는 삶이 아니라 내가 돈의 주인이 되는 주체적인 삶을 만들어 보고 싶지 않은가? 나는 '돈'에 대한 인식을 바꾸고 정확히 3개월 만에 기존 수입보다 두 배 이상 많은 돈을 벌게 되었다.

내가 가치를 두지 않는 것을 내 것으로 만드는 것은 참 힘든 일이다. 일을 시작하기 앞서 '돈'에 대한 내 생각과 태도를 먼저 돌아보자. 그리고 위 네 가지 방법 중 어떤 방법으로 '부자'가 될 것인지를 구체화시켜 보자. 만약 내가 돈에 대한 인식을 바꾸지 못하고 '돈 버는 방법'에 대한 고민을 치열하게 하지 않았다면 나 역시 가난의 굴레를 벗어나지 못한 채 전전긍긍하며 하루하루 살고 있을지 모른다. 돌고 돌아 '돈'이라는 말이 있다. 돈의 가장 큰 특징은 '이동성'에 있다는 말이다. 그렇다면 돈을 사랑하는 사람과 돈을 천히 여기는 사람 중 돈이 어디로 흘러 들어갈 확률이 더 높을지 한 번 더 고민해 보자.

돈을 사랑할 준비가 되었다면 이제 우리는 '부자'가 되는 것에 한 걸음 더 가까워진 것이다.

 돈을 '많이' 벌 수 있는 네 가지 방법

1. 부동산 임대업

2. 주식 투자

3. 콘텐츠 사업

4. 유통 사업

현재 내 상황에서의 실현 가능성을 토대로 도전할 수 있는 분야를 추려 보자.

'돈많은언니'가 되다

나는 인스타마켓을 통해 사업가로서, 엄마로서 안정된 하루 루틴을 만들었고 업무 효율성도 높일 수 있었다. 아이가 자라면서 유치원에서 낮잠을 자지 않게 됐고 자연스럽게 저녁 취침 시간도 당겨졌다. 아이가 이른 시각에 잠든다는 건 나에게 라이크쏠 운영 외에도 사용할 수 있는 잉여 시간이 생겼다는 것을 뜻했다. 그래서 남편과 함께 인스타그램 계정을 통해 돈을 벌 수 있는 방법을 유튜브로 전달하기 시작했다. 그렇게 유튜버 '돈많은언니'가 탄생했다. 나의 새로운 커리어와 부의 파이프라인을 만들기 위한 목적이 없었다고 말할 순 없지만 이 책의 서론에서 말했듯이 시중에 나와 있는 인스타그램 관련 강의에 아쉬움이 많았기 때문이다.

진짜 내 이야기, 진짜 내가 돈을 번 이야기를 듣고 싶어하는 사람이 있지 않을까 생각했다. '돈 버는 쇼핑몰 방법'부터 '상품 소싱'

등 모두가 궁금해할 만한 콘텐츠를 일주일에 하나씩 만들어 올렸다.
그리고 유튜브를 본격적으로 운영한 지 4개월 만에 3만 구독자를
달성했다.

♥ 인스타마켓 대표 염미솔에서 유튜버 '돈많은언니'로 내 캐릭터를 하나 더 늘렸다.

　　이후 구독자들의 요청에 따라 크몽이라는 플랫폼에서 1:1 컨설팅
도 함께 진행하며 부수입을 만들고 있다. 처음 크몽에 내 커리어와 강
의 커리큘럼을 입력해 강사 등록을 요청했는데 거부 당했다. 무슨 일
인가 싶었는데 일반 강사가 아닌 '프라임 강사'로 다시 등록을 하라는
연락을 받았다. 크몽에서는 해당 분야의 상위 2% 강사에게만 '프라임'
지위를 주는데, 내가 유튜브에서 하고 있는 강의가 이미 '프라임 급'이
라는 평가를 받은 것이다.

　　현재 나는 월 2,000만 원에 가까운 돈을 1인 기업으로 벌고 있다.

요즘 여기저기서 '경제적 자유'라는 표현을 쓴다. 만약 직장인이 월급으로 2,000만 원을 받으려면 대기업의 고위 임원직은 되어야 할 것이다. 또한 그 정도의 직급을 가지려면 능력도 중요하지만 연차도 족히 20년 이상은 쌓아야 할 것이다. 그런데 나는 이러한 일을 2년 만에 달성했다. **누군가 20년이 걸릴 만한 일을 2년 만에 달성했다는 것만으로도 나는 이미 '경제적 자유'를 누리고 있다고 말할 수 있을 것이다.**

그것도 내 아이를 직접 키우면서!

나는 굉장히 아웃사이더 성향이 강한 사람이다. '관종'들만 살아남을 수 있다는 SNS 시장에 아무런 끼 없는 내가 발을 들인 것이다. 만약 일과 연관이 없다면 가장 먼저 그만두고 싶은 게 SNS일 만큼 사람들과의 소통에 재미를 못 느끼는 타입이다. 그럼에도 불구하고 내가 인스타그램 시장 안에서 소기의 성과를 달성한 이유는 무엇일까? 예쁜 얼굴을 가지고 있지도, 몸매가 훌륭하지도 않다. 타고난 부는 커녕 피드에 명품 가방 하나 없는 평범한 30대 여자가 어떻게 지금의 수익구조를 만들 수 있었던 것일까?

특별한 무언가가 없이도 충분히 해낼 수 있다. 그리고 현재 나에게 컨설팅을 받고 있는 대표님들 역시 한 단계 한 단계 목표를 달성해가며 성장하고 있는 중이다. 방향성만 맞다면 누구든 성공할 수 있다. 나는 나이 마흔에 은퇴를 하는 것이 목표다. 만약 내가 평범한 직장에 입사해 평균적인 월급을 받고 있었다면 이런 꿈을 상상조차 할 수 있었을까? 누군가는 월 2,000만 원 소득으로 어떻게 마흔에 은퇴를 할 수 있겠냐고 묻겠지만 나는 확신한다. 나의 성장 가능성은 이후로도 무한하다는 것을!

나와 같이 꿈을 꿀 누군가를 위해 이 책을 집필하기로 결심했다. '돈많은언니'를 꿈꾸는 또 다른 사람들에게 이 책이 반딧불 역할이 되어 주길 바라는 마음으로 내가 경험하면서 배운 모든 것들을 아낌없이 공개한다. 2년이라는 시간을 투자해 내가 평생 먹고 살 수 있는 나만의 사업 기반을 만들 수 있다면 그 누구도 안 할 이유가 없을 것이다. 하지만 나는 이러한 방법을 모르고 혼자 부딪치고 배우면서 성장했기에 2년이라는 시간이 걸린 것이다. 이 책을 읽는 여러분들은 더 빠른 시간 안에 원하는 성과를 달성할 수 있다. 하지만 분명한 것은 꾸준함과 성실함 없이는 절대 성공할 수 없다.

"성공한 사람들의 한 가지 공통점은 성공할 때까지 하는 것이다."

나에게 네트워크 사업, 흔히들 말하는 '다단계'는 내 마음 속 단단한 옹벽 같은 대상이었다. '다단계'를 하는 사람들은 다 사기꾼이고 다른 사람들을 끌어들여 가입비로 돈을 버는 비양심적인 집단이라고 생각했다. 그래서 누군가 네트워크 사업을 한다고 하면 거리를 두거나 관계를 끊더라도 내 앞에서 말도 못 꺼내게 하곤 했다.

하지만 가만히 돌아보면 초기 가입비나 제품 구입비 없이 정말 좋은 제품을 광고비 대신 네트워크를 활용해 돈을 벌게 해 주는 건강한 회사들도 존재한다. 하지만 내 머릿속에 인식되어 있는 편견 혹은 강한 거부감이 네트워크 사업에 대한 완벽한 단절을 만들어 낸 것이다. 그러나 분명한 것은 그 안에서도 돈을 버는 사람은 당연히 존재한다.

나는 이 책을 읽고 있는 많은 사람들에게도 '다단계' 같은 존재가 있을 것이라고 생각한다. 인스타그램으로 돈을 벌 수 있다고 해도 누군가에게는 이 사실이 '다단계' 같은 대상이 될 것이고, 누군가 주식이나 부동산으로 돈을 벌 수 있다고 해도 이 역시 '다단계' 같은 대상이 될 수 있다. 돈 버는 법을 알려주는 것은 다 사기꾼일 가능성이 높다고 생각하고 그렇게 잘 벌면 혼자 벌어서 혼자 잘 살면 되지 그것을 왜 알려주는지 반문할지도 모른다.

하지만 오히려 나는 묻고 싶다.

왜 알려주면 안되는 거냐고.

내가 경험한 것이 누군가의 삶을 크게 변화시킬 수 있다면 그것이야말로 나에겐 돈으로도 살 수 없는 값진 경험이 될 것이다. '돈많은 언니'의 진짜 돈 버는 이야기가 그저 성공한 누군가의 이야기가 될 것인지 아니면 나의 또 다른 성공 이야기가 될 것인지는 스스로에게 달려 있다.

인스타마켓
정말 돈이 될까?

언택트 시대의
소비가 열리다

————— 2019년 하반기부터 지금까지 세계 경제에 가장 큰 영향을 준 것은 '코로나19'이다. 유례없는 전염병의 확산으로 세계 경제는 얼어붙었고 너 나 할 것 없이 비대면의 중요성을 강조하며 이전과는 다른 소비 패턴이 생산되고 있다. '코로나19'가 종식되더라도 다시는 '코로나19' 이전으로 돌아가기 어렵다고 말하는 전문가도 여럿 있다.

통계청의 2020년 11월 온라인 쇼핑 동향 조사 발표에 따르면 2020년 11월 온라인 쇼핑액은 15조 631억 원으로 2019년 같은 시기 거래액 12조 8,521억 원 대비 17.2%가 증가했다. 또한 모바일 쇼핑 거래액은 10조 2,598억 원으로 2019년 같은 시기 거래액 8조 4,177억 원 대비 21.9%가 증가했다.

'언택트'는 접촉을 뜻하는 Contact에 부정을 뜻하는 Un이 결합

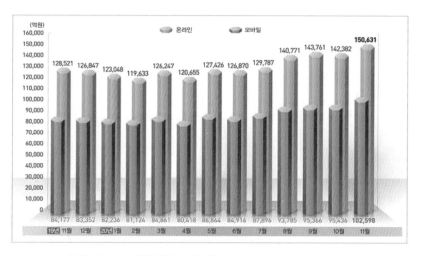

♥ 2020년 11월 온라인 쇼핑 거래액 동향(출처: 통계청)
♥ 한 설문조사에 따르면 '코로나19'로 인해 언택트 소비가 증가됐다는 응답자가 71.1%로 나타났고 코로나 종식 이후에도 언택트 소비를 하겠다는 응답자가 80.1%로 나타나 새로운 소비 행태가 자리잡고 있음을 보여주고 있다.(출처: 최문영, 코로나19 언택트 시대와 소비자운동, 인천칼럼, 2020.11.3. URL: http://www.incheonin.com/news/articleView.html?idxno=76403)

하여 만들어진 단어이다. 대표적인 언택트 채널인 온라인 시장은 새로운 고객층의 유입은 물론 온라인 구매력의 증가로 소비 시장의 판도를 바꾸고 있다. 쉽게 말해 온라인 시장으로 돈이 몰리고 있다는 말이다. 보증금, 임대료, 관리비, 시설비 등이 필요한 오프라인 상점과 달리 온라인 시장은 별도의 창업비가 들어가지 않는다. 마음만 먹으면 내 이름이 걸린 가게를 반나절만에 개설할 수 있고 무자본으로 사업을 시작할 수도 있다.

오프라인 상점을 운영할 땐 정해진 오픈 시간과 지역적 한계를 감수해야 하지만 온라인 상점은 시공간의 경계가 무너진다. 일례로 나의 어머니는 현재 포천에서 한식집을 하고 있다. 아침 9시부터 준비해서 저녁 9시까지 12시간을 꼬박 장사해서 하루에 벌어들일 수 있는 최대 매출은 400만 원이다. 이것도 50평대 점포에서 브레이크 타임도 없이 하루 종일 손님을 받았을 때에 가능한 일이다. 하지만 이마저도 환경적 요인의 영향으로 일정 수준의 매출을 유지하기는 쉽지 않다. 사람들의 소비 심리가 위축되어 있을 때는 물론, 날씨의 영향을 받기도 한다. 때문에 수많은 오프라인 매장 역시 온라인 몰로 사업을 확장하거나 배달앱 등록 등의 언택드적 요인들을 추가하고 있는 실정이다.

그런데 나는 온라인 시장 안에서 1시간에 1,000만 원은 물론 그 이상의 매출을 올릴 수 있다. 제품에 대한 설명은 상세페이지가 해 주고, 결제는 쇼핑몰에서 대신 해 준다. 내가 자고 있는 동안에도 제품은 판매되고 소비자들은 자신이 원하는 제품을 언제 어디서든 손쉽게 구매할 수 있다. 소비자 편익의 입장에서도 언택트 소비는 시간이 갈수록 더 규모가 커질 것으로 예상된다. 그렇다면 시대적 흐름에 발맞추어 우리는 어떤 준비를 해야 하는 걸까?

2020년, '코로나19'의 영향으로 많은 소상공인들이 폐업 절차를 밟았다. 정부는 어마어마한 규모의 재난지원금을 소상공인들에게 지급했지만 소생하지 못한 사람들이 부지기수다. 하지만 나는 2019년 대비 2020년 매출이 약 200% 증가했다. 소비자는 온라인 시장 안에서 짧은 시간 안에 더 많은 제품 정보를 손쉽게 얻을 수 있고 최저가로 판매하는 상점을 찾을 수도 있다. 판매자는 별도의 공간 임대료 없이도 개인 플랫폼에 내 제품을 진열하여 판매할 수가 있다. 고정비로 지불해야 하는 비용이 없으니 오프라인 상점에 비해 더 저렴한 금액으로 손님을 유치할 수도 있다. 앉아서 손님이 와 주기만을 기다려야 하는 오프라인 상점과는 달리 내가 타겟하는 사람들을 직접 찾아다니며 무료로 제품을 홍보할 수도 있다. **'코로나19'로 인해 언택트 소비의 시대가 더 빨라졌을 뿐 필연적으로 온라인 시장의 규모는 앞으로도 점점 더 커질 것이다.** 내가 가지고 있는 도구가 낚싯대 하나가 됐든, 거대한 그물이 됐든, 우리는 고기가 많은 곳에 그것을 던져야 한다. 그래야 고기가 잡힐 확률이 높아지고 고기가 잡히는 시간도 단축할 수 있다. 돈을 벌려면 먼저 돈이 모이는 곳으로 가야 한다. 소규모 자본, 혹은 무자본으로도 창업이 가능한 온라인 시장 안에서 나만의 일을 시작해 보는 것! 더 이상 주저할 이유가 없다.

세대의 경계를 허물다

——————— 그럼 누군가는 이렇게 생각할지도 모른다. 이커머스(온라인 네트워크를 통해 상품과 서비스를 사고 파는 것)는 스마트 미디어 활용이 용이한 젊은 세대에게 국한되어 있는 시장이 아니냐고. 놀랍게도 40~50대 중장년층의 스마트폰 보유율은 98%를 넘어서 20~30대 청년층 다음으로 보유율이 높다. 또한 중장년층의 SNS 이용률은 전체 SNS 이용률(47.7%)과 비슷한 수준에 달한다. 중장년층의 전자상거래(오픈 마켓, 소셜커머스, 온라인 쇼핑몰, TV 홈쇼핑 등) 이용률은 74.9%로 전체 평균 이용률(63.8%)보다 크게 나타났고, 전자상거래 시 주로 이용하는 매체는 스마트폰(77.1%)이 압도적이었다. 온라인 시장이 더이상 젊은 세대만의 전유물이 아니라는 말이다. 남녀노소 할 것 없이 누구나 쉽게 온라인 시장에 접근이 가능하고 터치 몇 번으로 원하는 제품을 구매하는 것이 일반적인 일이 되었다.

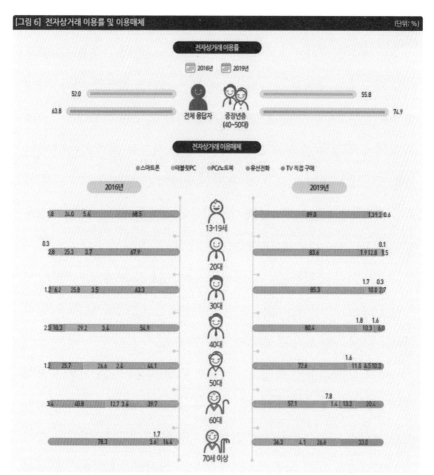

[그림 6] 전자상거래 이용률 및 이용매체 (단위: %)

주: 전자상거래 설문항목은 만 13세 이상을 대상으로 조사함

♥ 출처: 정보통신정책연구원

　　지난 『트렌드 코리아 2020』(김난도, 전미영 외 7명)의 예측 내용
을 보면 '오팔(OPAL)세대'가 등장한다. 신중년층인 50~60대를 뜻하
는 말로 Old People with Activity Lives의 약자이다. 오팔세대는 우
리가 생각하는 전형적인 노인에서 벗어나 젊은이들의 소비 트렌드를
쫓으며 인터넷과 모바일을 자유자재로 사용할 수 있다는 특징을 갖

는다.

　곧 예순을 바라보는 우리 어머니 역시 손녀딸의 선물을 살 때 온라인 시장에서 구매를 한 뒤 집으로 직접 택배를 보내곤 한다. 작년 생신을 앞두고는 나에게 원하는 선물을 링크로 보낸 적도 있다. 백화점에 가서 직접 제품을 보고 돌아와 가장 최저가로 팔고 있는 온라인 몰을 찾아내 나에게 연락한 것이다. '오팔세대'를 대표하는 58년생 개띠인 우리 아버지 또한 지난해 대한민국을 강타한 트로트 프로그램을 보며 스트리밍 서비스로 음악을 듣는다. 관련 유튜브 콘텐츠를 검색하고 소비하며 좋아하는 가수에게 응원의 댓글을 보내기도 한다. 모바일 활용에 큰 어려움 없이 본인들이 원하는 정보를 적극적으로 찾아다니는 새로운 소비 주체로 떠오른 것이다.

　채널을 돌리다 인기 채널 사이사이 편성된 홈쇼핑을 보며 수동적으로 물건을 주문하던 중장년층이 이제는 일방향적 정보 전달에서 벗어나 적극적으로 본인들에게 필요한 제품과 그에 맞는 가격을 찾아 소비하는 스마트 컨슈머로 변화하고 있는 것이다. 카드 번호를 일일이 누르거나 예약콜과 같은 번거로움을 감수해야 하는 홈쇼핑 시장과 달리 온라인 몰에서는 비밀번호만 누르면 누구나 쉽게 결제가 가능하기 때문에 구매 방식의 편의성도 보장이 된다. 오히려 더 간편하게 제품을 둘러볼 수 있고 결제 방식도 직관적이기 때문에 중장년층의 전자상거래 이용률은 앞으로 그 증가세가 더 커질 것으로 예상한다. 온라인 시장이 특정 세대에 국한해 그 규모가 커지는 것이 아니라 전 세대를 아우르는 소비 시장으로 진입장벽이 낮아지고 있다. 이는 판매자의 입장에서 말하자면 세대의 구분 없이 내가 판매하고자 하는 제품을 온라인 상에 확장시킬 수 있다는 것이다.

판매할 수 있는 제품의 카테고리가 훨씬 넓어진다는 것은 그만큼 기회가 많아진다는 것을 의미하기도 한다. 만약 이 책을 읽고 있는 독자가 40~50대라면 직접 온라인 시장에 뛰어들어 나와 비슷한 연령의 소비자들을 대상으로 얼마든지 사업을 시작해 볼 수 있다. 중장년층은 소비력이 뒷받침되기 때문에 시장성이 큰 구매 집단이기도 하다. 시공간의 한계, 세대의 한계가 허물어진 온라인 시장의 특성을 파악했다면, 이 책을 읽고 있는 그 누구라도 도전해 볼 가치가 있다. 더 많은 기회가 주어질 것이고 성장 가능성 또한 무한하다. 이제 핵심은 나와 잘 맞는 플랫폼을 찾아 그 일을 바로 시작하는 것이다.

왜 인스타그램인가

———————— 이커머스 활동이 가능한 온라인 플랫폼은 다양하다. 블로그, 페이스북, 카카오스토리, 인스타그램, 틱톡 등의 SNS 채널은 물론 스마트스토어, 쿠팡, 지마켓, 11번가와 같은 오픈 마켓까지 우리가 선택할 수 있는 온라인 상권의 범위는 넓다. 하지만 나는 이 책을 통해 인스타그램을 통한 수익화 방법과 성장 가능성에 대한 이야기를 하고자 한다.

현재 우리나라 사람들의 SNS 이용추이를 살펴보면 1위는 페이스북, 2위가 인스타그램이다. 그럼 사람들이 가장 많이 사용하는 페이스북을 선택하는 것이 더 좋지 않을까 반문할 것이다. 하지만 지난해 대비 국내 SNS 점유율 변화를 살펴보면 페이스북의 사용률은 하락하고 있는 반면 인스타그램만 유일하게 두 배 가까이 점유율이 올랐다.

향후 이용 변화에 있어서도 사용자의 67.5%가 이용률이 더 증가

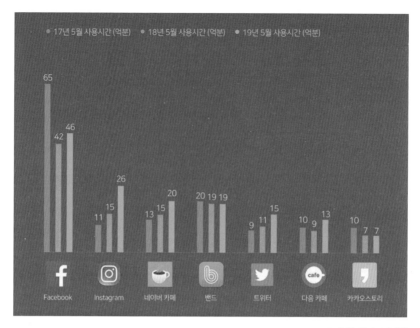

● 17년 5월 사용시간 (억분)　● 18년 5월 사용시간 (억분)　● 19년 5월 사용시간 (억분)

♥ 출처: 와디즈리테일

할 것이라고 응답했다. 타 플랫폼과 달리 인스타그램의 성장세나 이용률이 증가한 이유는 과연 무엇일까? 가장 큰 장점은 타 플랫폼에 비해 이용하기 쉽다는 것이다. 인스타그램은 사진만으로 소통이 가능한 채널이기 때문에 장문의 글을 요하는 블로그나 영상 제작이라는 진입장벽이 높은 유튜브와는 달리 누구나 쉽게 개설과 운영이 가능하다.

　인스타그램 비즈니스 통계를 살펴보면 매월 활발하게 활동하는 전 세계 인스타그램의 계정 수는 10억 개 이상이며 그중 비즈니스 계정을 팔로우하는 계정의 비율은 90%라고 한다. 이에 따라 페이스북은(인스타그램은 페이스북에 인수되었다) 다양한 온라인 커머스 서비스를 인스타그램에 적용하며 전자상거래에 본격적으로 진입할 준비를 하고 있다.

2020년 6월 페이스북 SHOPS가 한국 서비스를 시작했다. 소상 공인을 비롯한 중소기업의 비즈니스를 지원하고자 하는 무료 서비스다. 인스타그램을 사용하는 사람이라면 누구나 페이스북 SHOPS를 통해 디지털 상점인 '숍'을 개설하고 인스타그램 내에서 제품을 직접 홍보하거나 판매할 수 있게 되었다. **비즈니스 플랫폼을 일절의 수수료 없이 무료로 사용할 수 있는 곳은 페이스북과 인스타그램이 유일하다.** 게다가 인스타그램 내에서도 제품에 대한 결제가 가능한 '체크아웃' 서비스가 생겨날 예정이다. 이미 미국 내에서는 나이키, 자라, H&M 등 20개 브랜드에 결제 기능을 베타 서비스로 제공하여 시범 운영을 하고 있다.

현재 인스타그램은 앱 안에서의 결제 시스템이 구축되지 않아 프로필링크나 스토리링크를 통해 소비자를 별도의 결제가 가능한 홈페이지로 이동시켜야 하는 번거로움이 있다. 하지만 인앱결제인 '체크아웃' 서비스가 가능해지면 인스타그램은 명실상부한 비즈니스 플랫폼으로 성장할 것이다. 인앱결제는 소비자 편익 차원에서도 좋지만 판매자들도 자사몰이나 타 결제 시스템 연동을 위한 관리 부담 없이 일의 효율을 높일 수 있다.

또한 앞으로의 주요한 판매 전략 중 하나인 라이브 커머스(실시간으로 물건을 보여주면서 소비자들과 직접 소통을 하며 그 시간 동안 제품을 판매하는 것)를 개인 단위로 진행하며 인스타그램 내에서 결제를 유도할 수 있도록 하는 새로운 판매 방식도 생겨날 것이다. 인스타그램이 이커머스 시장에 본격적으로 발을 담근 만큼 초기 시장 확대를 위한 다양한 서비스가 현재 진행되고 있다. 때문에 이 시기를 잘 활용하면 타 플랫폼과 차별화된 혜택을 누리며 빠르게 인스타그램 시장에서 자리를 잡을 수 있다.

주식 격언에 '달리는 말에 올라타자' 라는 말이 있다. 상한가를 치며 계속 오르는 주식을 사야 돈을 벌 수 있다는 말이다. 인스타그램의 이커머스 시장 진출이 본격화되는 지금, 빠르게 시장 안에 들어와 선점 효과를 누리며 수익화 계정을 만들어 보길 바란다.

지금, 인스타마켓을 시작해야 하는 이유

1. 코로나 종식 후에도 계속 될 언택트 소비 시장의 성장

2. 모든 세대가 '디지털 소비'를 하는 중

3. 인스타그램 사용자의 지속적인 증가

4. 비즈니스 플랫폼으로 진화하고 있는 인스타그램(선점 효과를 누리자)

돈 버는

인스타마켓 만들기

기초

어떤 계정을 만들 것인가

─────────── 수익화 인스타그램을 만들기로 마음을 먹었다면 이제부터는 해당 계정의 주인이 '나'라는 생각부터 버려야 한다. 인스타그램으로 마켓을 운영하다 실패하는 사람들의 가장 큰 원인은 소비자 중심 계정이 아닌 판매자 중심 계정을 만들기 때문이다. 피드에 제품 사진을 올리다 어느 날 갑자기 아이 사진이 등장하기도 하고, 오늘 먹은 맛있는 음식 사진이 등장하기도 하고, 어제 만난 친구와의 일상이 올라오기도 한다. 뭐하는 계정인지 콘셉트도 중구난방이고 무엇을 파는 곳인지 헷갈리는 곳들이 허다하다.

반면 인스타그램에서 성공한 판매자들의 계정을 살펴보면 그 콘셉트가 아주 명확하다. 일상 사진도 내가 올리고 싶은 사진이 아니라 제품과 연관된 자연스러운 사진이 올라온다. 예를 들어 생활용품을 파는 마켓이라 하면 집 안에 내가 판매하는 제품을 자연스럽게 노출시키거나, 나만의 사용법을 동영상으로 만들어 올리기도 한다. 오늘 내가 먹은 음식이나 내가 갔던 핫플레이스, 내가 구매한 고가의 제품 사진은 올리지 않는다. 오직 내가 만들고자 하는 마켓의 이미지와 내 계정의 운영 전략에 맞는 콘텐츠들을 전략적으로 게시한다.

'집스타그램'을 하는 분들이 대표적인 예라고 할 수 있다. 그들은 본인의 집 사진이나 인테리어와 관련된 소품과 정보 외에 다른 콘텐츠들은 절대 올리지 않는다. '육아스타그램'을 하는 분들도 마찬가지다! 내 아이 사진과 함께 육아와 관련된 정보 위주로 본인만의 콘텐츠를 쌓아간다.

♥ 육아, 일상 등의 콘텐츠가 혼재되어 있는 내 남편의 피드(왼쪽)와 동일한 색감과 콘텐츠를 유지하는 라이크쏠 피드(오른쪽)

실제로 인스타그램 안에서는 나와 같은 '엄마 사장님'들이 정말 많다. 여성은 출산과 함께 라이프 스타일과 가치관이 180도 달라진다. 아이를 낳고 나면 삶의 중심이 자연스럽게 아이에게 맞춰지면서 핸드폰 갤러리엔 아이 사진만 가득 차게 된다. 그렇다 보니 자연스럽게 계정엔 아이 사진과 아이를 키우며 필요한 정보들을 공유하게 되고 아이의 발달 상황에 맞게 해시태그를 사용하게 된다. #신생아그램 #3개월아기 #돌아기 #걸음마성공 등 인스타그램 내에서는 몇 개의 해시태그를 통해 나와 비슷한 아이를 키우는 엄마들을 손쉽게 만나고 그들과 관계를 맺으며 소통할 수 있다. 이러한 인스타그램의 특징을 잘 알고 있는 엄마들은 더 많은 정보를 사람들과 공유하며 본인 계정을 전략적으로 키워 나간다. '아이 엄마'라는 정확한 타겟층과 '육아'라는 공통된 주제가 있다 보니 어느정도 팔로워가 모이면 관련 제품을 파는 시장을 자연스럽게 만들며 계정을 수익화하는 것이다.

나 역시도 결혼 준비를 하며 공유한 다양한 정보들로 블로그를 키웠고 인스타그램 내에서는 딸아이를 키우며 관련 아이템들과 육아 정보를 공유함으로써 지금의 라이크쏠을 시작할 수 있었다. 내 계정의 콘셉트가 무엇인지, 나는 팔로워들에게 어떤 메시지를 전달하고 싶은지를 구체화시켜 보자. 내가 인스타그램을 통해 전달하고자 한 하나의 콘셉트는 '딸 엄마의 로망'을 보여 주는 것이었다. 딸을 키우는 엄마라면 한 번쯤 생각했을법한 것들을 콘텐츠로 만들어 공유하거나 소통의 주제로 삼았다. 예쁜 드레스를 입히고 딸의 머리에 헬륨 풍선을 달아 머리카락을 하늘로 둥둥 띄운다든지, 긴 머리를 곱게 땋아서 예쁜 꽃들을 사방에 꽂아주는 것처럼 딸 키우는 엄마들만이 할 수 있지만 또 쉽게 따라해 볼 순 없는 콘텐츠들을 '의도적'으로 기획했다.

♥ 계정의 콘셉트를 생각하며 제작한 콘텐츠들

라이크쏠은 육아용품 중에서도 딸을 위한 아이템들 위주로 판매하고 있기 때문에 계정의 콘셉트와 판매 제품이 잘 어우러졌고 관심사가 비슷한 팔로워들도 모을 수 있었다. 만약 어떤 계정을 만들 것인지를 고민하지 않고 하루하루 올리고 싶은 사진을 찍어 마구잡이로 피드를 채웠다면 나 역시 인스타그램을 수익화 계정으로 만드는 것에 실패했을 것이다. 내가 계정을 통해 전달하고자 하는 메시지를 하나로 정리해 소비자들이 매력을 느낄 만한 콘텐츠로 생산해내는 것이 앞으로 해야 할 과제 중 가장 중요한 부분이자 성패를 좌우하는 핵심 전략이기도 하다. 만약 기존에 운영하고 있는 계정의 콘텐츠가 일관적이지 않다면 이 부분에 대한 정비부터 새롭게 시작해야 한다. 나는 어떤 사람인지, 나는 어떤 것에 관심이 있고 어떤 주제를 가지고 사람들과 소통할 수 있는 사람인지를 깊게 생각해야 한다. **'내가 하고 싶은 말'을 하는 계정이 아니라 장기적인 관점에서 '내가 사람들에게 어떻게 보였으면 좋겠는지'를 구체적으로 상상해 보자.** 그러면 내 콘텐츠의 방향성을 잡는 것에 도움이 될 것이다.

나는 본인 계정을 통해 일하는 엄마도 충분히 예쁜 육아를 할 수 있다는 것을 전달하고 싶었고, 일과 육아라는 두 마리 토끼를 다 잡을 수 있는 능력 있는 엄마로 보이고 싶었다. 이렇게 내가 하고 싶은 이야기가 분명해지면 사진을 연출하거나 글을 작성할 때 분명한 콘셉으로 내 피드를 채워 나갈 수 있다.

한 제품이 세상에 나올 준비를 할 때에도 가장 중요한 첫 단계는 콘셉트를 정하는 일이다. 만약 화장품을 만들었다면 이 제품을 가격 면에서 저가 전략을 쓸 것인지, 고급화 전략을 쓸 것인지를 결정하고 목표하는 타겟에 맞춰 어떤 방식으로 메시지를 전달해야 효과적일 것인지도 고민한다. 그런데 우리가 지금 만들고자 하는 인스타그램 계정은 제품 하나의 가치를 훌쩍 넘어 내 삶에 획기적인 변화를 가져다 줄 힘을 지닌 대상이다. 그러니 부디 이 단계에서 치열하게 고민하고 나만의 매력적인 콘셉트를 만들어 수익화 계정을 구축하는데 있어 빠르게 성공해 보자.

인스타그램 시작 전 체크해야 할 사항

1. 내가 지속적이고 일관적으로 전달할 수 있는 메시지와 콘텐츠는 무엇인가

2. 내 계정을 팔로우하게 만들 타겟의 특성은 무엇인가(성별, 연령, 관심사 등)

3. 인스타그램 안에서 내가 어떤 모습으로 보이길 원하는가

계정의 방향성
구체화하기

단순 기록용 인스타그램에서 벗어나 수익화 계정으로 만들기 위한 첫 단계는 바로 내 계정의 정체성을 뚜렷하게 만드는 것이다. 내가 판매하고자 하는 상품이나 서비스가 정확하게 정해지지 않았어도 내가 판매하고 싶은 제품군이나 관심 있는 분야는 있을 것이다. 나는 본인의 라이프 스타일과 동떨어진 제품을 판매하는 것은 권유하지 않는다. 인스타그램은 소통을 기반으로 하는 SNS 플랫폼이기 때문에 나와 잘 어울리고 연관이 있는 제품을 판매하는 것이 훨씬 자연스럽다.

아이 엄마들이 육아용품을 파는 것이 자연스럽고 소비자의 궁금증도 훨씬 쉽게 해결해 줄 수 있다. 자기계발과 미용에 관심 있는 여성들이 화장품을 판매하는 것 또한 자연스럽다. 옷 입는 걸 좋아하는 20대 남성이라면 본인과 연령대가 비슷한 타겟을 대상으로 남성복을 판매하는 것이 좋다. 그래야 내가 만들어 낼 수 있는 콘텐츠에 힘과 지속성이 생긴다. 그럼 이제부터 내가 평소 관심 있어 하는 분야는 무엇인지! 내가 일상 가운데 만들어 낼 수 있는 콘텐츠는 어떤 것들이 있는지 생각해 보자.

오히려 관심 분야가 많은 사람일수록 이것을 정하는 데 시간이 오래 걸린다. 만약 옷 입는 것도 좋아하고 인테리어에도 관심이 많고 자동차에도 관심이 많다면 이것을 하나로 추려내는 것에 집중해야 한다. 인스타그램에서 만물상은 살아남기 어렵다. 우리는 먼저 타겟을 좁히고 콘텐츠를 명확히 하여 내 브랜드의 정체성을 만들어 가는 게 중요하다.

얼마 전 나에게 컨설팅을 받은 분 역시 인스타마켓 시작을 앞두고 있었다. 그런데 나만의 킬링 콘텐츠를 찾는 과정에서 육아와 인테리어 두 가지 아이템이 혼재하는 상황이었다. 본인은 아이가 있으니 육아맘들을 대상으로 소통하는 것이 자연스러울 것 같긴 한데 본인 집을 인테리어한 경험도 있고 집 꾸미는 것에도 관심이 많아 어떤 걸로 정해야 할지 고민이 된다는 것이었다. 이때 나는 다음과 같이 질문했다! "평소 아이용품과 인테리어 소품을 살 때 어느 쪽이 더 즐거우세요?" 그분은 인테리어 소품을 살 때가 훨씬 재미있고 그런 것들을 검색할 때 신이 난다고 했다. 그럼 이 분은 두말할 것도 없이 인테리어를 콘셉트로 계정을 채워나가는 게 맞다.

반대로 나 역시 아이 있는 집을 콘텐츠로 집과 아이의 모습을 내 계정에 채워가고 있지만 나는 수익의 대부분을 아이를 위해 쓴다. 나는 딸을 위한 제품을 찾는 일이 즐겁고 심지어 좋은 제품을 찾았을 때는 희열을 느낀다. 그래서 나는 인테리어가 아닌 육아용품에 초점을 맞춰 라이크쏠을 운영하는 것이다. 이처럼 **내가 가진 것 중에서도 내가 그것을 '일'로 선택했을 때 즐거운 분야를 킬링 콘텐츠로 가져가는 것이 중요하다.** '일'로 하는 것도 힘든데 '재미'마저 없으면 그것을 유지할 원동력이 쉽게 사라진다. 아직도 내가 어떤 분야를 내 마켓의 킬링 콘텐츠로 선택해야 할지 모르겠다면 다음과 같은 질문을 통해 생각을 정리해 보자.

돈 버는 인스타마켓 세팅하기

1. 내가 평소 좋아하는 분야 혹은 관심 있는 분야가 무엇인가?

2. 내가 자주 접속하는 인터넷 사이트 혹은 쇼핑몰은 어떤 카테고리의 제품인가?

3. 돈이 있다면 어떤 걸 사고 싶은가? 혹은 제일 먼저 무얼 하고 싶은가?

내가 관심 있는 분야 중에서도 지속적으로 콘텐츠를 생산할 수 있는 카테고리를 찾았다면 이제 어떻게 구체화시킬 것인지를 알아 보자. 나는 한 계정을 운영할 때 그것을 채우는 콘텐츠의 주제가 크게 세 가지를 벗어나지 말라고 강조한다. 예를 들어 내가 미용사라면 인스타그램 콘텐츠 구성은 다음과 같이 할 수 있다.

1. 시술 비포-애프터
2. 헤어, 두피 관리 정보
3. 스타일링이 돋보이는 '본인 셀카'

본인 사진을 넣는 이유는 시술자에 대한 신뢰를 전달하기 위해서다. 내 머리를 맡길 사람의 얼굴이 공개되어 있는 계정이 소비자들에겐 훨씬 믿음이 갈 것이다(물론 이것은 모든 인스타마켓을 운영하는 사장님들에게도 공통적으로 적용된다).

반면 이 계정에 퇴근 후 먹은 음식, 주말에 다녀온 데이트 장소, 친구들과의 여행 같은 콘텐츠들을 추가한다면 어떻게 될까? 내 계정을 미용사로서 전문성을 전달하는 것이 아닌 다시 기록용 SNS로 만드는 일이 된다. 앞에서 말한 것처럼 소비자 입장에서 필요로 하는 정보가 무엇인지를 생각해서 세 가지 이내의 콘텐츠만 집중적으로 끌고 나가면 내 계정의 정체성은 물론 콘셉트가 명확해지는 경험을 하게 될 것이다.

한 가지 더 예를 들어 보자. 내가 '요리스타그램'을 운영해 보고자 마음먹었다면 다음과 같은 주제를 정할 수 있다.

1. 나만의 레시피 공유

2. 내가 사용하는 주방용품과 주방사진

3. 완성된 요리사진(플레이팅)

이렇게 세 가지 이내로 콘텐츠를 단순화 시키면 두 가지 장점이 생긴다.

하나는 콘텐츠를 만들기 위해 불필요하게 소모되는 시간을 절약할 수 있다. 내가 정해 둔 콘텐츠에 포함된 주제가 아니라면 이것을 인스타그램에 올릴까 말까 고민하는 시간과 노력을 철저하게 줄일 수 있다. 즉, 일의 효율이 높아지는 것이다. 만약 아직 인스타그램에 투자할 수 있는 시간이 부족한 상황이라 콘텐츠 생산에 한계를 겪는 사람이라면 정해 둔 콘텐츠와 맞는 사진들을 주말에 몰아서 찍어 두고 주중에 하나씩 올리는 방식으로 계정을 운영할 수도 있다. 콘텐츠가 이미 구체적으로 정해져 있기 때문에 가능한 것이다.

또 다른 장점은 브랜딩이 쉬워지는 것이다. 콘텐츠가 피드에 쌓여 갈수록 계정의 정체성이 분명해질 것이다. 사람들은 한눈에 직관적으로 계정 주인이 어떤 분야에 관심이 있고, 어떤 스타일의 사람인지 쉽게 파악할 수 있다. 굳이 "나 이런 사람이에요." 라고 구구절절 말하지 않아도 피드에 올려 둔 사진들이 이것을 대신해 주는 것이다. 이것이 바로 브랜딩의 기초이자 핵심 전략이다.

♥ 나에게 컨설팅을 받은 분의 계정. 컨설팅 전(왼쪽)에는 콘텐츠에 대한 명확성이 없었고 사진의 색감 등이 통일되지 못했다. 컨설팅 후(오른쪽)에는 테이블 사진과 레시피 정보 등으로 콘텐츠를 통일시키고 사진의 구도와 색감 등도 일정하게 유지해 더욱 매력적인 피드를 완성했다.

　자, 그럼 내 계정을 효과적으로 표현할 수 있는 세 가지 콘텐츠는 어떤 것들이 있을지 생각해 보자. 여기서 가장 주의해야 할 점은 각각의 콘텐츠가 유기성을 가지고 있어야 한다는 것이다. 맛집, 인테리어, 책을 세 가지로 구성했다면 각각의 콘텐츠가 지닌 매력은 있을지 모르겠지만 공통점을 찾기가 어려워 계정의 정체성은 또 사라지고 만다. 때문에 서로에게 시너지를 줄 수 있는 세 가지 이내의 콘텐츠들로 내 피드를 구성해 보자. **이것저것 말하고 싶은 욕심을 줄이고 한 가지 메시지에 힘을 싣는 것이 결국은 브랜딩에 성공하는 것임을 잊지 말자.**

정보 공유는
인스타그램의 필수

——————————— 위에서 내가 제시한 두 가지 사례를 다시 살펴

보자.

미용사 계정의 세 가지 콘텐츠 :

1. 시술 비포-애프터   2. 헤어, 두피 관리 정보   3. 스타일링

요리스타그램 계정의 세 가지 콘텐츠 :

1. 나만의 레시피 공유   2. 내가 사용하는 주방용품과 주방사진   3. 완성된

   요리 사진(플레이팅)

두 계정에 공통적으로 포함시킨 세부 콘텐츠가 하나 있다. **바로**
'정보성 콘텐츠'를 필수적으로 넣은 것이다. 미용사에겐 집에서 따라할 수
있는 머리 손질법이라든지 홈케어 방법과 같은 정보성 콘텐츠를, 요

리 계정에는 레시피 공유를 통한 정보성 콘텐츠를 의도적으로 포함시켰다. 여기에는 두 가지 이유가 있다.

먼저 인스타그램의 핵심은 얼마나 많은 팔로워를 확보하느냐에 있다. 과거 인스타그램 알고리즘이 업데이트되기 전에는 내 계정에 뚜렷한 장점이 하나라도 있으면 팔로워를 확보하기 쉬웠다. 예를 들어 외모가 출중하다든지, 사진을 잘 찍는다든지, 집이 예쁘면 사람들이 알아서 모였다. 그런데 지금은 인스타그램 탐색 탭만 둘러봐도 위에 해당되는 계정들이 널리고 널렸다. 예쁜 집은 한집 걸러 한집씩 보이고 '셀기꾼'이라고 할지언정 외모가 강점인 사람들도 너무 많다. 즉 눈으로 보이는 것들은 더이상 큰 차별화 전략이 되지 않는다.

사실 인스타그램 업데이트 항목 중 팔로워를 모으기 힘들어진 가장 큰 요인은 바로 '피드 저장' 기능이 생긴 것이다. 예전에는 누군가를 팔로워하거나 그 사람 계정 아이디를 검색해 들어가야지만 그 사람이 올린 게시글을 확인할 수 있었는데 저장 기능이 생기면서 우리는 어떤 사람을 팔로워하지 않아도 그 사람의 피드만 내 보관함에 저장해 뒀다가 필요할 때 꺼내 볼 수 있게 되었다.

요즘은 비즈니스 계정을 운영하는 사람들뿐만 아니라 개인적으로 인스타그램을 사용하는 사람들도 팔로잉(본인이 팔로우하는 사람) 수가 커지는 것을 원하지 않기 때문에 무분별한 팔로워 버튼을 누르지 않는다. 대신 필요한 피드만 보관함에 저장해 두었다가 꺼내 보거나 그 피드를 통해 다시 본 계정으로 들어가서 둘러보는 행동을 한다.

♥ 왼쪽 사진 오른쪽 하단에 위치한 책갈피 버튼을 누르면, 오른쪽 사진처럼 저장해 둔 피드를 보관함에서 한 번에 모아 볼 수 있다.

즉 누군가의 보관함에 한두 개 정도 들어갈 만한 콘텐츠를 올리는 것은 팔로워를 늘리는 데 전혀 도움이 되지 않는다. 하지만 바꿔 말하면 누군가가 저장하고 싶은 정보성 콘텐츠를 '지속적'이고 '정기적'으로 올리면 그 사람은 나를 팔로우하게 된다. 사람들은 누구나 본인에게 도움이 되는 소식을 받아 보고 싶어하고 인스타그램 내에서는 그 행동이 '팔로우'로 표출된다. 때문에 적어도 일주일에 한두 개씩은 타겟하는 소비자들을 대상으로 생산적인 정보를 제공하는 것이 좋다.

어떤 분야의 전문가가 아니어도 우리는 충분히 정보성 콘텐츠를 생산할 수 있다. 평소에 사용하던 제품 중 좋은 것이 있다면 개인적인 의견과 함께 공유할 수 있고 그 제품을 조금 더 저렴하게 판매하는 곳이 있다면 그것 또한 하나의 정보가 된다. 어렵게 생각할 필요는 없다. 사람들은 누구나 나에게 이득이 되는 곳에 머물기를 원한다. **그리고 우리는 효용가치가 있는 사람이 되어야 한다.**

정보성 콘텐츠를 생산하는 두 번째 이유는 바로 피드의 반응성을 높이기 위해서다.

그전에 먼저 인스타그램의 알고리즘에 대한 이해가 필요하다. 내가 만약 인스타그램 계정을 운영하면서 팔로워 1,000명을 모았다고 치자. 그럼 내가 피드 한 개를 올릴 때마다 그 사진이 1,000명에게 모두 한 번에 보이는 걸까?

안타깝게도 그렇지가 않다. 인스타그램은 내 팔로워 중 일부에게만 먼저 그 사진을 노출시킨다. 그 일부 역시 평소 내 계정에 관심이 많거나 나와 활발하게 소통을 하는 계정들로 추려진다. 1차로 노출시켜 준 일부 계정 사이에서 그 사진에 대한 반응도가 높으면 그 사진은 확산성을 가지게 된다. 내 팔로워 중 더 많은 사람에게 이번엔 2차 노출을 시켜 준다. 거기서 또 반응성이 높으면 그 사진이 '탐색 탭'에 노출이 되기도 하고 관련 해시태그의 '인기 게시글'에도 오르게 되는 것이다. 결과적으로 우리가 인스타그램을 활성화시키며 열심히 운영하는 목표는 바로 이 '탐색 탭'과 '인기 게시물'에 노출되기 위해서다. 그래야 내가 내 계정을 직접 '손품' 팔면서 알리고 다니지 않아도 사람들이 알아서 내 계정을 찾아 들어오게 되는 것이다.

반면 1차로 노출된 집단 사이에서 게시물의 반응성이 좋지 않으면 그 게시물은 더 이상 확산되지 않고 사장된다. 물론 게시물이 사라지는 것은 아니다. 홈피드에 노출되지 않는 것일 뿐 내 계정을 직접 찾아오는 사람들은 해당 게시물을 언제든지 볼 수 있다. 인스타그램의 반응성을 높이는 지표는 네 가지로 나타난다. 좋아요, 댓글, 공유, 저장이다.

그리고 내가 정보성 콘텐츠를 강조하는 이유는 바로 이 저장 수치를 높이기 위한 방법이다. 우리가 평소 어떤 피드를 저장하는지 가만히 생각해 보자. 나는 '아이와 함께 가기 좋은 여행지'라든지 '교통사고 났을 시 대처법'과 같은 정보성 피드는 곧잘 저장해 둔다. 지금 당장 필요하지 않더라도 언젠가 꺼내 볼 가치가 있다고 느껴지는 피드를 저장하는 것이다. 때문에 사람들이 저장을 불러 일으킬 만한 정보를 생산하는 것은 내 게시글의 반응성을 높일 수 있는 가장 효과적인 콘텐츠가 된다.

한 여행사의 인스타그램 담당자 역시 여행과 관련된 정보들을 지속적으로 생산해 카드뉴스 형식으로 업로드했다고 한다. 가을에 가기 좋은 국내 여행지 모음, 여자 혼자 가기 좋은 해외 배낭 여행지 총정리, 기차 타고 갈 수 있는 해외 여행지 등의 정보를 지속적으로 생산한 결과 외부로 콘텐츠가 확산되기도 하여 해당 콘텐츠로 본인들의 계정을 알리는 효과가 있었다고 한다. 이처럼 정보성 콘텐츠는 팔로워 유치, 피드 저장과 확산에 큰 역할을 한다. 그리고 이런 전략은 나역시도 지속적으로 사용하고 있다.

그럼 왜 인스타그램은 피드의 반응도에 따라 노출률을 높여 주는 방식으로 알고리즘을 바꾼 것일까? 이유는 간단하다. 돈을 벌기 위해서다. 노출률을 높이고 싶으면 인스타그램에서 돈을 내고 광고를 집행하게 하기 위함이다. 하지만 나는 지금껏 인스타그램의 스폰서 광고 없이도 팔로워들을 모을 수 있었다. 알고리즘만 잘 활용하면 굳이 돈을 쓰지 않아도 얼마든지 내 계정을 키울 수 있다. 핵심은 사람들이 반응할 수 있는 콘텐츠를 만드는 것이다. 지금부터 내 계정으로 전달할 수 있는 정보는 어떤 것들이 있을지 하나씩 정리해 보길 바란다.

나 역시 얼마 전 구입한 와플 기계를 인스타그램 피드에 올린 적이 있다. 와플 기계 자체가 굉장히 인기를 끌고 있는 상품군이었기 때문에 내 팔로워들도 분명 관심을 가진 사람들이 많을 것이라 생각했다. 온라인 몰에서 3만 원대에 산 제품이었는데 마침 가격 대비 성능과 디자인이 참 좋았다. 그래서 인스타그램에 해당 제품을 공유했고 단시간에 그 게시물의 저장수가 다른 게시물보다 두 배 이상 높은 수치를 기록했다. 내 입장에선 별거 아닌 사소한 정보도 누군가에겐 의미 있는 내용이 될 수 있으니 가벼운 내용의 정보들부터 부담없이 공유해 보자.

♥ 일반 콘텐츠(왼쪽)를 게시했을 때와 정보성 콘텐츠(오른쪽)를 게시했을 때의 반응도 차이

 인스타그램에 정보성 콘텐츠가 필수인 이유

1. 인스타그램의 피드 저장 기능을 주로 사용하면서 계정을 팔로우 하지 않는 사람들을 내 팔로워로 만들 수 있다.

2. 피드의 반응성을 높여 내 콘텐츠가 '탐색 탭', '인기 게시물'에 노출돼 새로운 팔로워를 모을 수 있다.

간과하기 쉬운
인스타그램 첫인상 만들기

───────── 면대면으로 사람을 만날 때 가장 중요한 요소 중 하나가 바로 첫인상이다. 첫인상은 대체로 3~5초 안에 결정이 난다고 하는데 그렇게 한 번 정해진 첫인상을 바꾸는 데 걸리는 시간은 35시간이라고 한다. 다시 말하자면 첫인상을 한 번 잘 만들어 놓으면 그것이 바뀌는 것도 쉽지 않다는 말이다. 그럼 인스타그램에서 내 계정의 첫인상을 결정짓는 요소는 무엇일까?

바로 프로필 사진과 바이오(자기소개)란이다. 특히나 프로필 사진은 인스타그램 안에서 움직이는 전광판이라고 할 수 있다. 인스타그램을 전략적으로 운영하는 사람들이 팔로워를 늘리고자 사용하는 방법 중 하나가 인플루언서의 피드에 댓글을 자주 다는 것이다. 우리가 다른 사람의 계정에 가서 댓글을 쓰면 내 프로필 사진과 함께 글이

인스타마켓으로 '돈많은언니'가 되었다

남겨진다. 이미 많은 사람들이 포진해 있는 공간에 내 프로필 사진을 노출시킴으로써 사람들을 내 계정으로 끌고 오는 것이다. 때문에 매력적인 프로필 사진을 선정하는 것부터가 내 계정을 알리는 좋은 수단이 된다. 그런데 대부분의 사람들이 이러한 프로필 사진의 기능을 알지 못하고 갤러리에 들어 있는 최근 사진이나 계정의 콘셉트와는 전혀 상관없는 '그냥 잘나온 사진'으로 설정해 두는 일이 허다하다. 비즈니스 계정을 운영하는 업체의 경우에도 카테고리의 특징이나 제품군을 알 수 없는 단순 로고나 상호명을 프로필 사진으로 설정하는 것보다는 제품의 특징이나 분위기를 나타내는 사진을 걸어두는 것이 좋다.

바이오 부분 역시 전략적으로 활용해야 한다. 현재 인스타그램은 플랫폼 내에서 결제를 할 수 없어 구매를 위한 외부링크(자사몰이나 페이앱 등)를 설정해 둬야 하는데 바이오에 해당 링크를 연결할 수 있다. 때문에 계정 혹은 브랜드에 대한 소개를 장황하게 하는 것보다는 핵심만 간결히 하여 계정의 정체성을 담백하게 표현하고 그 아래 관련 링크를 걸어 두는 방식이 훨씬 효과적이다.

안타깝게도 사람들은 내가 전달하고 싶은 모든 정보를 수용하지 않고 본인들이 보고 싶은 것만 본다. 때문에 부연 설명이 많은 자기소개보다는 한눈에 쏙 들어오는 간결한 문체가 훨씬 성공적인 브랜딩 전략이 될 수 있다. 컨설팅을 진행하다 보면 바이오를 비워두는 경우도 많이 볼 수 있다. 이 역시 좋은 방법은 아니다.

내 계정을 표현하는 뚜렷하고 간결한 소개가 있다면 계정에 처음 방문하는 사람들이 피드의 정체성을 더 확실히 파악할 수 있다. 라이크쏠 역시 취급하는 제품도 많고 브랜드와 관련하여 판매자 입장에서 전달하고 싶은 메시지는 많지만 딱 한 줄의 문장으로 설명을 대신한다. 라이크쏠의 브랜드 슬로건은 '육아가 예뻐집니다'이고 사람들은 이 한 문장만으로도 라이크쏠의 브랜드 콘셉트를 직관적으로 판단할 수 있다. 간결할수록 브랜드의 방향성은 훨씬 구체화된다. 내가 인스타그램을 통해 사람들과 소통하고 싶은 분야는 무엇이고 그 안에서 내가 판매하고자 하는 제품을 어떻게 표현할 수 있을지, 내가 만들고 싶은 인스타마켓의 브랜딩 목표가 무엇인지를 우선 생각해 보자.

♥ '육아가 예뻐집니다'를 슬로건으로 내세운
라이크쏠의 바이오란

슬로건은 내 상품에 대해 구구절절 설명하지 않아도 소비자들에게 내 마켓을 빠르고 정확히 각인시킬 수 있는 장점이 있다. 인스타마켓을 운영한다면 바이오란에 꼭 슬로건을 넣어 두길 추천한다.

좋은 슬로건 만드는 방법

1. 최대 10글자 이내의 짧은 문장

2. 기억하기 쉬운 단어와 입에 감기는 문장

3. 내 브랜드의 정체성을 담은 문장

프로페셔널 계정으로
전환하기

──────────── 콘텐츠에 대한 방향이 정해지고 구체적인 주제 선정까지 끝났다면 다음으로 해야 할 일은 내 계정을 프로페셔널 계정(비즈니스 계정)으로 전환하는 것이다. 이것은 당장 판매를 시작한 수익화 계정이 아니어도 꼭 설정해 두길 추천한다. 나 역시 개인 계정과 비즈니스 계정 모두 프로페셔널 계정으로 전환을 해 두었는데 가장 큰 이유는 바로 내 피드에 대한 인사이트 분석이 가능하기 때문이다.

인사이트 분석은 팔로워 수가 100명 이상이 되었을 때부터 사용이 가능한데 계정에 대한 전체적인 진단뿐만 아니라 피드 하나하나에 대한 수치 분석도 가능하다. 인사이트 보기를 통해 계정을 효과적으로 운영할 수 있는 구체적인 방법은 다음과 같다.

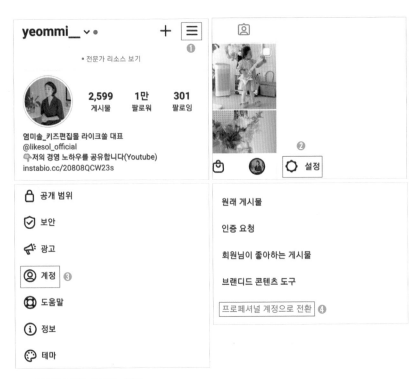

♥ 프로페셔널 계정 설정하는 방법
❶ 본인 계정 오른쪽 위 3줄 메뉴 클릭
❷ 하단에 나타난 설정 버튼 클릭
❸ 계정 메뉴 클릭
❹ 프로페셔널 계정으로 전환 클릭

먼저 나를 팔로우하는 사람들이 어느 요일 어느 시간대에 가장 접속률이 높은지를 확인할 수 있다. 이 부분은 내 피드에 게시물을 언제 올리는 것이 반응도를 높일 수 있는지 알려주는 지표가 된다. 사람들이 덜 접속하는 시간대보다 많이 접속하는 시간대에 피드를 올려야 훨씬 반응도가 높기 때문이다.

두 번째는 내가 올리는 콘텐츠의 반응도를 체크할 수 있다. 인사이트 내에서 내가 올린 게시물의 기간과 원하는 지표(공유, 노출, 도달, 조회, 저장, 좋아요, 게시물 반응 등)를 클릭하면 내가 올린 게시물 중 어떤 유형의 콘텐츠가 반응도가 높은지를 확인할 수 있다. 반응도가 높다는 것은 나를 팔로우하는 사람들이 그런 유형의 게시물을 좋아한다는 것이다. 그럼 우리가 앞장에서 선택한 세 가지 주제 중 반응도가 높은 게시물 유형의 비율을 더 늘려서 콘텐츠를 생산하면 된다.

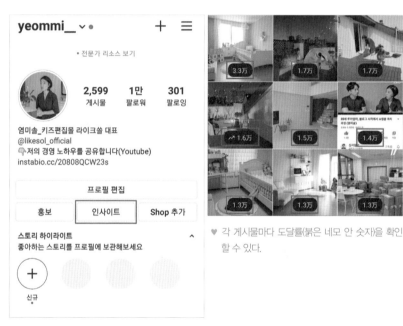

♥ 각 게시물마다 도달률(붉은 네모 안 숫자)을 확인할 수 있다.

♥ 인스타그램 프로필에 생성된 '인사이트' 메뉴를 누르면 내 계정에 관한 여러 데이터를 확인할 수 있다.

　세 번째는 각 피드별 인사이트 확인을 통해 내 계정의 현 위치를 분석할 수 있다. 인스타그램 내에서 내 게시물이 노출되는 유형은 다

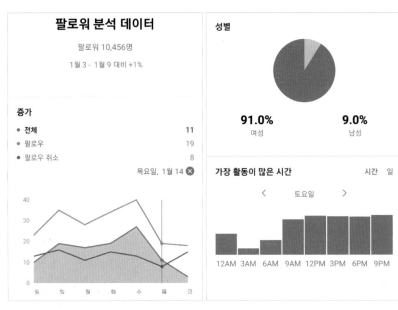

팔로워 분석 데이터

팔로워 10,456명

1월 3 - 1월 9 대비 +1%

증가

- 전체   11
- 팔로우   19
- 팔로우 취소   8

목요일, 1월 14 ✕

성별

91.0%   9.0%
여성   남성

가장 활동이 많은 시간   시간   일

<   토요일   >

♥ 내 계정의 팔로워 현황을 확인하며 계정 상태를 점검할 수 있다.

♥ 나를 팔로우 하는 사람들이 어떤 특성을 가지고 있는지를 확인하는 것은 계정 운영에 큰 도움이 된다.

음과 같다. 홈, 탐색 탭, 프로필, 해시태그.

먼저 '홈'은 우리가 인스타그램을 켰을 때 처음 보이는 화면을 말한다. 내가 팔로우 한 사람들의 게시물이 나타나는 곳이다. 반대로 누군가의 홈피드에 내 게시물이 노출된다는 것은 상대방이 나를 팔로우했을 때만 가능하다.

'탐색 탭'은 인스타그램 하단에 있는 메뉴 중 돋보기 모양 아이콘을 클릭했을 때 보이는 피드를 말한다. 탐색 탭은 내가 팔로우하지 않은 사람들의 게시글이 보이는데 알고리즘에 따라 내가 기존에 팔로우하고 있는 사람들의 팔로워들이 나타나기도 하고 내가 평소에 좋아요를 누르거나 저장하는 피드의 유형과 비슷한 게시물이 올라오기도 한다. 우리가 인스타그램을 전략적으로 운영하고자 하는 궁극적인 목표는 이 '탐색 탭'에 내 게시물이 노출되어 사람들이 내 계정으로 자연스럽게 유입되도록 하기 위함이다. '탐색 탭' 노출을 위한 전제 조건은 게시물의 반응도이기 때문에 인사이트를 통해 반응도에 대한 점검을 주기적으로 할 필요가 있다.

프로필 유입은 누군가 내 프로필 사진을 클릭하여 계정에 들어오게 된 경우를 말한다. 때문에 프로필 사진 역시 팔로워를 끌어들이는 중요한 요소 중 하나다. 눈에 띄는 프로필 사진과 호감이 가는 사진으로 설정해 두는 것 역시 우리가 신경 써야 할 부분이다.

마지막으로 해시태그로 인한 노출은 내 게시물에 달아 둔 해시태그를 누군가 검색해서 내 피드를 발견하고 들어오게 된 경우다. 우리가 인스타그램 검색창에 특정 해시태그를 검색하면 게시물이 '인기순'과 '최근순'으로 정렬이 되는데 각 해시태그의 인기 게시물에 노출되는 전략 역시 우리가 계정을 키울 수 있는 가장 효과적인 방법 중 하나다.

인사이트 분석은 각각의 피드마다 노출 유형별 수치를 상세히 알려 준다. 또한 내 게시물이 나를 팔로우하고 있지 않은 사람 중 몇 %에게 노출되었는지도 보여 준다. 때문에 인사이트 분석을 활용해 내 콘텐츠의 방향성을 잡고 노출률을 늘려 갈 수 있도록 노력한다면 빠르게 계정을 성장시킬 수 있다.

♥	●	✈	🔖
526	31	2	82

1,338	20,502
프로필 방문	도달

반응 ⓘ

1,386

이 게시물에서 발생한 행동

프로필 방문	1,338
웹사이트 클릭	48

둘러보기 ⓘ

20,502

도달한 계정
yeommi__님을 팔로우하지 않은 사람의 비율이 69%입니다

팔로우	31
도달	20,502
노출	21,531
해시태그	13,467
홈	6,637
탐색 탭	1,165
기타	262

회원님의 게시물이 가장 많이 조회된 위치입니다. 해시태그, 홈 및
탐색 탭의 노출수가 가장 높습니다.

♥ 내가 올린 특정 게시물의 반응도를 확인할 수 있다.　　♥ 내가 올린 특정 게시물이 어떤 경로(해시태그, 홈,
　　　　　　　　　　　　　　　　　　　　　　　　　　　탐색탭, 기타 등)로 유입됐는지 확인할 수 있다.

무조건 사진
50개부터 채워 보자

내가 판매하고 싶은 제품군에 따라 타겟도 설정했고 구체적인 콘텐츠의 방향성도 잡았다면 이젠 피드를 채우는 작업을 가장 먼저 해야 한다. 팔로워를 모으기 전 계정의 구색을 갖춰 놓아야 팔로워를 찾아다니는 효과가 있는 것이다.

이 계정을 운영하는 사람이 어떤 분야에 관심이 있고 어떤 스타일을 좋아하는지, 이 계정의 콘셉트는 무엇인지가 한눈에 보여야 한다. 처음부터 완벽한 사진을 찍을 필요는 없다. 사진에 대한 부담감이 피드를 올리는 데 독이 되지 않도록 우선은 채우는 것에 의미를 두는 것이 좋다. 대신 콘텐츠의 방향성은 분명해야 한다.

또한 인스타그램 활성화에 가장 큰 영향을 주는 것은 바로 콘텐츠 업로드 주기다. 일주일에 최소 콘텐츠 5개 이상은 올려야 인스타그램이 해당 계정의 활성화 정도를 측정한다. 가끔씩 콘텐츠를 몰아서 올리는 것보단 하루에 1~2개씩 꾸준히 올리는 것이 가장 좋다. 팔로워들이 많아지면 하루에 올라가는 내 콘텐츠의 게시물이 많을수록 팔로워들에게 피로감을 줄 수 있다. 하지만 초반엔 팔로워가 없거나 지인 위주의 팔로워들만 존재하니 하루 3개 이상은 꾸준히 콘텐츠를 업로드 해 보자! 그럼 50개의 사진을 채우는 데 주말을 제외하고 넉넉히 한 달이면 충분하다.

단순히 개수를 채우기 위한 콘텐츠를 만들지 않도록 주의해야 한다. 목표하는 타겟층을 공략할 수 있도록 내 피드의 성격에 맞는 콘텐츠들을 업로드 해야 한다. 첫 피드 50개가 내 계정의 첫인상이라고 생각한다면 콘텐츠 구성에 조금 더 신중해질 수 있을 것이다. 처음 인스타그램을 시작한 사람들은 빨리 팔로워 먼저 채우고 싶은 욕심에 조바심을 내는 경우가 많다. 초반엔 당연히 팔로워가 없으니 사진을 올려도 '좋아요'나 댓글 반응이 없는데 이 부분을 견디지 못하고 사람들을 찾아다니거나 팔로워 구매를 생각하기도 한다.

그런데 생각해 보자. 잔칫집에 초대 받아 갔는데 막상 음식이 차려져 있지 않다면 손님들은 더이상 그곳에 머물 이유가 없어진다. 인스타그램도 마찬가지다. 초반에 최소 사진 50개를 먼저 채우라는 의미는 사람들을 부르기 전에 내 계정을 파악할 수 있을 만한 장치를 미리 깔아 두라는 것이다.사람들이 내 계정에 들어왔을 때 이곳이 무엇을 하는 계정인지는 알아야 관계를 맺고 소통을 할 텐데 그런 준비가 되어 있지 않으면 계정에 들어왔다 해도 이탈할 확률이 높아진다. 만약 한 달이라는 기간 동안 사진 50개를 업로드하지 못하겠다면 인스타그램 대신 다른 플랫폼을 찾아보길 조심스레 권유한다. 그런 분들은 인스타마켓을 운영해 나갈 기초 체력이 부족한 것이다. 하지만 분명하게 말할 수 있는 점은 인스타그램을 어렵게 여기는 분들이라면 그 어떤 플랫폼에서도 일정 이상의 성과를 거두진 못할 것이다. 왜냐하면 인스타그램은 판매자가 운영할 수 있는 채널 중 가장 쉽고 간편하기 때문이다.

팔로워를 늘리는
현실적인 방법

──────────── 아마 이 책을 읽으며 가장 궁금한 방법 중 하나가 어떻게 하면 팔로워를 단기간에 많이 모을 수 있을까 하는 전술적인 방법일 것이다. 요즘은 여기저기서 '인스타그램 팔로워 늘리는 법'이나 '인스타그램 키우는 법'이라는 주제로 사람들을 현혹하려 한다. 하지만 그 내용을 자세히 들여다보면 구체적인 방법론은 제시하지 않고 뜬구름 잡는 소리, 혹은 인스타그램을 어느 정도 운영해 본 사람들은 다 알 법한 내용을 마치 자신만의 이론인 것처럼 말하는 사람이 허다하다. 그럴 수밖에 없는 게 사실 이렇다 할 전략적 공식이 존재하지 않고 결국은 본인이 손품을 파는 만큼 팔로워가 늘기 때문이다. 인스타그램 알고리즘이 지금처럼 정교하지 않던 초창기 시절엔 외모나 몸매가 출중하거나 집이 예쁘거나 패션 스타일이 뛰어난 것처럼 남과 차별화된 킬링 콘텐츠 하나만 있어도 사람들이 알아서 모였다.

인스타그램이 보급되던 초창기엔 가능한 일이었지만 인스타그램 사용자의 획기적인 증가와 알고리즘의 변화가 생긴 지금은 계정 하나 만들어 두고 사람들이 알아서 모이길 기다리는 것은 내 계정을 개인적인 일기장으로 만들겠다는 말이다. 낚싯대를 던져 두고 고기가 잡히길 기다려선 안되고 직접 그물망을 들고 바다로 나가야 한다. 결국 인스타그램에도 영업이 필요한 셈이다. 내가 직접 찾아가서 '좋아요'도 눌러 주고 '선팔'을 해 주며 소통의 길을 열어야 그만큼 팔로워를 만들 수 있다. 이때 놓쳐서는 안 될 가장 중요한 포인트는 '#좋아요반사', '#선팔환영' '#팔로우투팔로우' 등과 같은 해시태그를 찾아다니며 그저 수치상의 팔로워를 만들기 위해 아무나 유입해서는 안 된다는 것이다. **내 제품을 노출하고 그 제품을 구매할 진짜 팔로워들을 만들어야 한다. 그러려면 우선 내 계정의 타겟층 먼저 뽀족하게 만들어야 한다.**

그런 후 내 계정의 타겟층이 일상에서 주로 사용할 만한 해시태그를 정리해 보는 것이 좋다. 라이크쏠의 주 타겟층은 나의 딸과 비슷한 연령대의 딸 엄마들이다. 때문에 #다섯번째생일 #모녀스타그램 #유치원추첨 #00개월아기 #아이있는집과 같은 해시태그를 집중 공략한다. 인스타그램에서 해시태그를 검색하면 '인기순'과 '최신순'으로 피드가 정렬된다. 여기서 '인기순'은 이미 게시물에 대한 반응성이 높고 팔로워가 많은 사람들의 피드일 경우가 많기 때문에 먼저 찾아가서 '좋아요'를 눌러 주고 '선팔'을 해도 상대가 '맞팔'을 해 줄 가능성이 낮다. 때문에 '최신순'으로 들어가서 피드를 아래로 내려가며 좋아요도 눌러 주고 댓글도 남겨 가며 소통을 시작해 보자. 댓글을 남길 때는 "들렀다 갑니다, 제 계정도 와 주세요."처럼 성의없는 내용을 남기는 것보다는 게시물의 내용에 맞춰 정성스럽게 남겨 보자. 최신 피드를 공략할 경우 상대방이 지금도 인스타그램을 활발하게 하고 있으며 인스타그램 어플에 접속되어 있을 가능성도 높기 때문에 즉각적인 반응을 유도할 수 있다.

♥ 검색을 통해 내가 원하는 피드를 인기 게시물순(왼쪽)으로 볼지,
최근 게시물순(오른쪽)으로 볼지 결정할 수 있다.

팔로워 늘리기 두 번째는 조금 더 전략적인 접근이 가능한 '빨대 꽂기' 방법이다. 내가 선정한 타겟층과 비슷한 유명한 계정을 찾아 보자. 그리고 그 안에서 댓글을 달면서 활동하고 있는 팔로워들을 공략하는 것이다. 해당 계정에는 이미 타겟화된 사람들이 모여 있고, 댓글을 남긴다는 것은 그 계정에 적극적으로 동참하고 있다는 말이다. 그러니 그 사람들을 찾아다니면서 좋아요도 눌러 주고 댓글도 남기면서 나 역시 관심사가 비슷한 계정을 운영 중이라고 알리는 것이다.

팔로워 작업을 할때 주의해야 할 점은 하루에 너무 많은 사람들을 찾아다니며 좋아요를 누르거나 댓글을 남겨서는 안된다. 여러 계정에 지속적으로 동일한 댓글을 달거나 좋아요를 빠른 속도로 계속 누르다 보면 인스타그램 알고리즘이 '비정상적인 활동'으로 감지해 일시적으로 활동을 차단시킨다.

> **나중에 다시 시도하세요**
>
> Instagram은 커뮤니티를 보호하기 위해 특정 활동을 제한합니다. 회원님의 사용에 따라 2020-08-24까지 이 활동이 차단되었습니다. 해당 조치가 실수라고 생각하는 경우 저희에게 알려주세요.
>
> **의견을 알려주세요**
>
> **확인**

♥ 인스타그램은 부정적 활동을 감지할 때 해당 계정의 활동을 일시정지시킨다.

요즘은 프로그램을 이용해 팔로워나 좋아요 수를 늘려 주는 경우가 많기 때문에 인스타그램 자체적으로 이에 대한 감시를 철저하게 하고 있다. 인스타그램에서 정확한 수치는 공개하지 않았지만 단시간에 너무 많은 작업을 해서는 안되고 하루를 기준으로 틈틈히 150명 정도가 적당하다. 사실 하루에 100명의 사람들을 찾아가 좋아요와 댓글을 달아 주는 것만 해도 적잖은 시간과 에너지가 소모되는 일이다. 때문에 팔로워 작업을 할 때는 초기 팔로워 1,000명을 만들 때까지 데드라인을 정해 두고 단기간에 성과를 보는 편이 낫다.

내 남편 역시 수익화 계정을 만들기 위해 위에 안내한 방법으로 한 달 만에 2,000명이 넘는 팔로워를 보유할 수 있었다. 콘텐츠의 방향성과 타겟만 명확하면 한 달에 팔로워 1,000명을 만드는 것은 어렵지 않다. 만약 계정에 사진 50개를 채우고 팔로워를 찾아다녔음에도 팔로워가 증가하는 속도가 더디다면 콘텐츠가 매력적이지 않거나 타겟 설정이 잘못되어 있는 경우니 계정에 대한 전반적인 수정이 필요하다.

인스타그램의 핵심,
소통의 기술

────────── 여기까지 모든 준비가 끝났다면 이제 인스타그램 수익화를 위한 기초적인 작업들이 마무리된 셈이다. 이제는 인스타그램이라는 사회 안에서 사람들과 관계 맺는 일을 본격적으로 할 시간이다.

초반에 팔로워가 별로 없을 때 많은 사람들이 실수하는 것 중 하나가 아무도 내 계정을 보지 않는다고 생각하는 것이다. 그래서 게시물에 글을 작성할 때 혼잣말을 하거나 단순히 일기를 쓰는 방식으로 자신의 생각을 전달한다. 하지만 팔로워가 없을 때 더욱 적극적인 소통의 자세를 취해야 한다. 내 계정을 보는 사람이 얼마 없다 할지라도 그 사람들이 내 계정에 참여할 수 있는 여지를 계속 만들어 둬야 한다. 그래야 내 게시물의 반응도를 높일 수 있다. 예를 들어, 겨울에 관련된 사진을 하나 올린다고 해 보자. 대부분 이런 형식의 게시글을 작성한다.

"추운 계절이 되니 따뜻한 붕어빵이 생각난다. 요즘은 붕어빵 파는 곳을 찾기 힘들어서 아쉽다."

그냥 내 생각을 일기 형식으로 나열해 놓는 것으로 끝이다. 이 글을 보는 사람들에게서 특별한 행동을 유도하기는 어렵다. 속으로 '맞아!' 하고 공감하고 넘어가는 사람들도 있겠지만 그 이상의 반응을 이끌어내기는 힘들다.

같은 사진에 같은 내용의 글을 쓰더라도 나는 이런 식으로 바꿔서 적어볼 것이다.

"날이 추워지니 따끈한 붕어빵이 생각나요! 요즘 붕어빵 파는 곳이 많이 없어서 길가다 우연히 만나면 참 반갑더라구요~ 그런데 저희 집 남편은 붕어빵보다 잉어빵이 더 맛있다고 하네요?! 여러분들은 붕어빵, 잉어빵 어떤게 더 좋으세요?"

어투부터가 달라야 한다. 내가 내 공간에 혼자 글을 쓰고 있다는 느낌이 아니라 '나는 이 공간에서 너와 소통하고 싶어서 글을 쓰고 있어!' 즉, '너에게 말을 걸고 싶어'가 되어야 한다. 거기에 이 글을 보는 사람들이 대화에 함께 참여할 수 있을 법한 간단한 질문을 던지는 것이다. 여기서 핵심은 '간단'해야 한다. 붕어빵이요! 잉어빵이요! 이렇게 부담 없이 댓글을 달고 넘어갈 수 있도록, 누구나 쉽게 내 계정에 글을 남길 수 있도록 유도하는 것이다. 이 부분을 간과하고 내가 하고 싶은 이야기만 일방적으로 전달하면서 사람들과 소통이 안되고 있다는 분들을 너무 많이 보았다.

　우리가 누군가를 처음 만나면 "집은 어디예요?" "고향은요?" "아이는 몇 살이에요?" "전공이 뭐예요?"와 같은 간단한 질문으로 소통을 시작한다. 그렇게 서로에 대한 정보 교류가 있어야 공통점은 무엇인지, 관심사는 무엇인지를 파악하며 관계가 더 깊어진다. 인스타그램도 마찬가지다. 소통의 장소만 옮겨졌을 뿐 팔로워들이 나의 관심사와 연결고리를 맺으며 친해져야 소통도 활발해지고 내 콘텐츠에 반응도도 높아진다.

　다른 사람의 말은 듣지 않고 내 말만 하는 사람을 요즘은 '꼰대'라고 한다. 그리고 꼰대의 결말은 결국 고립이다. **내가 먼저 한 발 다가가야지 가만히 다가와 주길 기다려선 안 된다. 소통의 자세로 팔로워들과 친해지려는 노력을 해 보자.**

　사람들의 반응성을 이끌어 내기 위한 또 다른 전략 중 한 가지로 사람들의 심리를 이용하는 것도 좋다. 사람들은 기본적으로 내가 알고 있는 정보를 다른 사람들에게 알려 주고 싶은 욕구가 있다. 때문에 일반적으로 사람들이 많이 알 법한, 혹은 많이 경험했을 법한 질문을 던지는 것이다.

　"저 이번 주에 제주도 여행을 가는데 맛집 좀 추천해 주세요."

　"3살 아이가 읽을 만한 추천 도서가 있다면 알려 주세요."

　"강남역 소개팅 장소, 어디가 좋을까요?" 등 어렵진 않지만, 경험이 있는 사람들이라면 쉽게 대답해 줄 수 있는 질문을 하는 것이다.

내가 던진 질문에 팔로워들이 답변을 해 줌으로써 소통의 관계를 더욱 진하게 만들 수 있다.

신생아 용품을 파는 한 업체는 주로 새벽 시간에 이벤트를 진행한다. 새벽 2~4시 사이에 제품 증정 이벤트나 기프티콘을 주는 댓글 이벤트를 열곤 하는데 일반인들의 입장에서는 모두 잠든 시간에 뭐 하는 행동인지 의아할 것이다. 그런데 이 계정의 타겟은 돌 이전의 아이 엄마들이다. 아이를 키워 본 엄마들은 다 공감하겠지만 신생아 시기 엄마들은 대부분 새벽 시간 뜬눈으로 밤새우는 게 허다하다. 수유 시간을 맞춰야 하는 경우도 있고 잠투정이 심한 아가들 때문에 깨어 있는 경우도 있다. 그래서 이 계정의 운영자는 새벽에 깨어 있는 엄마들을 공략한다. 이 시간에도 아기 키운다고 잠 못 자는 엄마들에게 위로와 공감의 마음으로 인간적인 접근을 한다. 소비자들은 그 시간에 실시간으로 달리는 댓글을 보며 '나만 이렇게 힘든게 아니구나' 하고 위로를 받기도 하며 그 업체에 자연스럽게 호감을 느낀다. "이 시간에도 깨어 있는 엄마들 손들어 주세요." 라는 간단한 질문으로 소비자들을 하나의 커뮤니티로 묶어 버리는 이 전략은 간단하지만 그 효과는 어마어마하다.

내 계정이, 내 피드 하나하나가 하나의 광장이 되어야 한다. 더 많은 사람들이 이곳으로 몰려와 뛰어놀고 먹고 즐길 수 있을 때 수익화 계정으로의 전환이 빨라지는 것이다. 나의 이야기를 더 자세히 하자면 나는 개인 계정에서 처음 소통을 시작했다. 블로그가 한창 유행이던 시절 소위 말하는 파워 블로거로 불릴 만큼 SNS 활동을 활발히 했다. SNS 플랫폼의 대변화가 시작되면서 나 역시 자연스럽게 인스타그램으로 활동 영역을 옮겨왔다. 당시 임신부였던 나는 아이와 집을 주제로 계정을 운영했고 관심사가 비슷한 엄마들과 소통하며 계정을 비교적 빠르게 키울 수 있었다. 그리고 얼마 지나지 않아 라이크쏠이라는 인스타마켓을 시작하게 된 것이다.

그런데 문제는 나는 소통을 좋아하는 사람이 아니었다. 얼굴도 모르는 사람들과 글을 주고 받으며 감정을 교류하는 일이 나에겐 가장 어려운 일 중 하나였다. 그래서 선택한 방법이 라이크쏠 전용 비즈니스 계정을 별도로 만든 것이었다. 그래서 일과 관련된 내용의 피드는 모두 비즈니스 계정으로 옮겨왔다. 그리고 비즈니스 계정을 집중적으로 키워야 한다는 핑계로 개인 계정은 소통 창구로서의 기능을 끊어 버렸다.

당시는 인스타그램 알고리즘에 대한 이해가 전혀 없을 때였고, 결과적으로 내가 인스타그램을 운영하며 가장 후회한 일 중 하나다. 개인 계정은 그냥 기록하고 싶은 것들을 가끔씩 올려 두는 일기장 같은 것이었고 사람들이 달아 두는 댓글에 대한 답변도 하지 않았다. 당시 내 개인 계정의 팔로워는 3,500명이었는데 결과적으로 개인 계정은 그 이후로 성장을 멈추었고 사람들과도 자연스럽게 멀어지게 되었다. 소통은 내 계정을 키우는 주요한 지표이기도 하고 예비 고객을 확보하는 좋은 수단이기도 하다. 하지만 대부분의 사람들은 나와 같이 소통을 많이 어려워한다. 무슨 말을 어디서부터 어떻게 해야 할지 모르겠다는 사람도 많고 반응이 없으니 허공에 치는 메아리처럼 허망하고 재미가 없다는 사람도 있다.

사실 소통을 잘하는 것은 기술이 필요한 부분이고 그만큼 훈련을 해야 한다. 반대로 말하면 노력을 통해 얼마든지 습득할 수 있다는 말이다. 인플루언서들이 어떤 방식으로 글을 쓰고 사람들과 어떻게 소통하는지 살펴 보자. 그리고 그것을 내 어투와 내 스타일로 바꿔서 써 보는 연습을 하자. 단 며칠만 해 봐도 소통의 감을 익힐 수 있다. 다시 내 개인 계정 이야기를 해 보겠다. 내 계정을 방치하는 것이 라이크쏠의 성장, 그리고 내가 성장하는 것에서 가져올 파급 효과를 막고 있다는 걸 깨달았고 정확히 2020년 8월 11일, 나는 팔로워들에게 보내는 장문의 메시지를 게재했다. 그동안 내 계정을 떠나지 않고 기다려 준 것에 대한 감사함, 앞으로 이 계정을 어떻게 운영할지에 대한 다짐 같은 것들이었다. 그리고 난 그 글에서 약속한대로 계정을 운영했고 그해가 끝나기 전에 팔로워는 1만 명으로 늘었다.

*2020년 8월 11일에 작성한 글 전문

인친님들 안녕하세요:) 염미입니다. 이런 소개 오래간만이네요!

마치 동남아 우기를 지내는 것 같은 요즘! 다들 비 피해 없이 잘 지내고 계신가요?! 참 오랜시간 yeommi__라는 이 계정에서 이렇다 할 소통 없이 그저 기록용, 일기용으로 제 이야기들을 나열해 놓은 것 같습니다. 그럼에도 불구하고 제 인스타를 떠나지 않고 남아 주신 인친님들께 정말정말 감사드립니다. 사실 언제부턴가 SNS라는 채널이 제겐 숙제처럼 느껴졌습니다. 일 때문에 어쩔 수 없이! 하기 싫은 날에도 의무적으로 해야 하는! 그래서 제 계정과 라이크쏠 계정을 분리시켰고 라이크쏠 계정이 어느 정도 자리를 잡은 후부턴 개인 계정엔 많이 소홀했던 게 사실입니다. 블로그 때의 그 초심과 열정 그리고 인친님들과의 소통에 중점을 두기 보다는 그저 나라는 사람을 일방적으로 보여 주는 채널에 불과했던 것 같습니다.

그런데 제가 요즘 인생의 격변기를 보내고 있습니다. 정말 신기하게도 사람이 이렇게 짧은 순간 내 삶의 모든 가치관과 인생의 방향이 이렇게도 달라질 수 있구나를 체험하며 24시간이 모자라게 스스로를 위해 시간을 쓰고 있습니다. 되돌아보면 그 시작은 아마도 유튜브인 것 같아요.

경영자들의 바이블이라 불리는 '부의 추월차선'이라는 책이 있습니다. 이 책에는 피라미드를 쌓는 두 사람(A, B)이 등장하는데요. A라는 사람은 피라미드를 쌓기 위해 3년 동안 맨손으로 돌을 하나하나 들어올립니다. 그러나 결국은 본인이 가진 힘과 한계에 부딪쳐 피라미드를 완성하지 못하고 죽음을 맞이합니다.

반면 B라는 사람은 3년이라는 시간 동안 돌 하나 쌓지 않았습니다. 대신 본인을 대신해 돌을 옮겨줄 거중기를 만들었고, 그 거중기를 이용해 아주 빠른 속도로 피라미드를 완성합니다.

처음 피라미드를 만드는 3년 동안은 A라는 사람의 성과가 더 높았을 것입니다. 왜냐하면 A라는 사람은 어찌됐든 그 시간 동안 돌을 쌓아올렸지만 B라는 사람의 피라미드 자리엔 그 어떤것도 보이지 않았으니깐요. 하지만 결과적으로 피라미드를 완성한 사람은 B였습니다. 전 제가 지금껏 살아오며 겪은 시련, 좌절, 슬픔 등과 같은 시간들이 거중기라 믿었습니다. 그리고 제가 운영하고 있는 라이크쏠이 그런 경험들로 만들어진 피라미드라구요. 그런데 아니더라구요.

사실은 라이크쏠을 운영하는 이 시간들이 제 인생의 거중기를 만드는 시간이었습니다. 그리고 앞으로 제 인생에 만들어질 피라미드는 아마 지금보다 훨씬 더 성장하고 발전한 제 스스로의 모습이 될 것이라구요. 라이크쏠이라는 저만의 기업을 브랜드화 시키기 위해 참 열심히 살았습니다. 그리고 소기의 성과도 달성한 것 같습니다. 그런데 만약 인생의 큰 파도에 부딪쳐 어느 날 라이크쏠이 사라진다면 제 인생에 남는 게 무엇일지를 생각해 보니 정신이 번쩍 들더라구요. 라이크쏠을 발전시키면 제가 파는 제품 혹은 제 브랜드의 값어치는 올라가지만, 그 안에서 아마 제 삶은 더 혹독해질 것입니다. 그래서 앞으로는 제 스스로의 가치를 높이는 일에 집중해 보려 정말 치열하게! 공부하고 또 공부하는 시간을 보내고 있습니다. 그래서 앞으로는 인친님들과 본격적으로 인생의 가치, 혹은 나 스스로의 가치를 더욱 높이는 방법을 나누며 소통해 보려고 합니다! 이상한 고집 때문에 그동안 라이크쏠 계정이 아닌 개인 계정에조차 DSLR로 찍은 사진이 아니면 올리질 않고 하나하나 컴퓨터로 옮기며 하나씩 보정을 하고 나서야 사진을 게시했습니다. 이제는 이런 무의미한 일에 시간을 쏟기보다는 조금 더 생산적인 곳에 힘을 쓰려고 합니다.

그렇다고 제가 라이크쏠을 그만둔다는 얘기는 절.대 아닙니다! 제 분신

인 것 다들 아시죠? 아무튼 이래저래 하고 싶은 말은 있지만 더 길어지면 힘

드실 것 같아 차차 풀어보겠습니다.

요점은 다시 소통왕 염미로 돌아갈게요:)

항상 잊지 않고 제 게시물 찾아와 좋아요 눌러 주시고 댓글 남겨 주신 모

든 인친님들 진심으로 감사해요!

♥ 팔로워 3,500명 시절, 일기 형식으로 작성하던 피드

♥ 팔로워 1만 명이 된 현재는 팔로워들에게 적극적으로 메시지를 전하고 댓글로 소통하고 있다.

팔로워 구매해도
괜찮은 걸까?

———————— 인스타그램을 운영하다 보면 누구나 한 번씩 팔로워 구매에 관한 유혹에 빠질 것이다. 특히나 계정을 만든 지 얼마 안 된 경우엔 팔로워가 적으니 흥미도 재미도 없는 게 사실이다. 그런데 계속해서 이야기하고 있듯 **인스타그램은 초기 팔로워 1,000명이 내 계정의 미래를 결정짓는다고 해도 과언이 아니다.** 때문에 나는 초기 '찐 팔로워 1,000명'을 달성하기 전까진 절대 팔로워를 구매하지 말기를 권한다.

위에서 인스타그램은 반응도로 계정의 활성화가 결정된다고 이야기했다. 계정의 활성화라는 것은 내가 콘텐츠를 하나 올렸을 때 그 콘텐츠가 확산되는 정도를 말한다. 즉 활성화 수치가 높아지면 콘텐츠가 외부로 노출될 확률이 커지고 그렇게 노출된 콘텐츠로 새로운 팔로워가 유입되는 선순환이 이뤄진다.

반대로 계정의 활성화가 낮아지면 아무리 질 좋은 콘텐츠를 올려도 확산성이 낮아 사장될 확률이 높아진다. 때문에 초기 팔로워들은 내가 올리는 콘텐츠에 반응을 보여줄 타겟화된 사람들로 꾸려져야 한다. 팔로워 구매를 통해 내 계정에 유입되는 계정들은 대부분 유령 계정일 확율이 높다. 즉 눈으로 보이는 숫자에 불과할 뿐 전혀 도움이 되지 않는 사람들이다. 때문에 어떤 콘텐츠를 올려도 좋아요나 댓글 혹은 저장과 같은 반응도에 영향을 주지 않는다. 팔로워는 1,000명인데 반해 반응도가 현저히 떨어지기 때문에 인스타그램에서 해당 계정의 품질을 낮춰 버린다. 즉 내 돈 주고 팔로워는 늘렸지만 결과적으로 계정의 활성화 수치가 낮아져 성장을 방해하는 요소로 작용한다.

나에게 컨설팅을 받은 사람 중 팔로워 20만 명을 보유한 사장님이 있었다. 이분은 팔로워가 10만이던 시절 첫 번째 공구를 시작했는데 전체 매출이 10만 원이었고 적잖이 충격을 받아 20만 팔로워가 될 때까지 더이상 제품을 판매하지 않았다고 한다. 현재는 인스타그램으로 들어오는 협찬 광고 수익으로 월 150만 원 정도의 수익을 내고 있다.

반면 나는 블로그 마켓 시절 이웃 1,000명으로 매출 3,000만 원을 달성했다. **즉 마켓은 보이는 숫자가 중요한 것이 아니라 내 계정에 유용한 '찐팬'이 몇 명이 있느냐에 달려 있다.** 나 역시 인스타그램 운영 초반 비즈니스 계정에 외국인 팔로워를 구매한 경험이 있다. 단시간에 팔로워 숫자를 늘려 주기 때문에 늘어난 숫자에 대한 자기만족은 있었지만 결과적으로 매출이나 반응도에 영향을 주는 것은 하나도 없었다.

팔로워와 좋아요 구매에 관해 '된다', '안된다'에 대한 정확한 지침은 없다. 인스타그램 마케팅 전문가들도 이 부분에 대한 명확한 입장을 내고 있지는 않다. 하지만 전문가들의 공통적인 의견은 인스타그램에서 이제는 까다로운 관리를 시작했다는 것이다. 프로그램을 통해 팔로워나 좋아요를 구매할 경우 위에서 언급한 내용 외에 두 가지 문제가 더 있다.

첫 번째는 단시간에 급속도로 좋아요 수나 팔로워가 증가하면 인스타그램에서 계정에 대한 비정상적인 접근을 감지할 수 있다. 때문에 직접 사람들을 찾아다니며 팔로워를 늘리는 작업을 할 때도 너무 빠른 속도로 좋아요를 연속적으로 누르거나 복사한 내용의 댓글을 쉬지 않고 붙여넣기할 경우 문제가 될 수 있다.

두 번째는 좋아요와 팔로워를 늘려 주는 업체의 아이피가 해외에 있는 경우다. 계정 주인의 아이피는 국내인데 갑자기 해외 아이피를 통해 팔로워 혹은 좋아요를 늘려 주는 작업을 하면 인스타그램에서 이상하다고 판단을 한다.

이렇게 지속적으로 이상 내용이 감지되면 계정에 '쉐도우 밴'이 걸릴 수 있다. '쉐도우 밴'이란 내가 올린 피드가 최근 피드에 노출되지 않는 현상을 말한다. 내가 사진을 올린 후 #집스타그램이라는 해시태그를 작성했다고 하자. 정상적이라면 #집스타그램을 검색했을 때 해당 해시태그를 작성한 사람들 순서에 따라 최근 게시물에 내 계정이 노출되어야 하는데 계정이 보이지 않는다면 '쉐도우 밴'에 걸린 것이다. 물론 이는 어느 정도 시간이 지나면 자동으로 풀리긴 한다.

이미 인스타그램은 서드 파티 앱(외부 응용 프로그램)을 통해 인기도를 높이려고 허위 좋아요와 팔로우를 조작할 경우 해당 내용을 삭제하겠다고 공지한 적도 있다. 또한 머신 러닝 도구를 개발하여 이러한 서비스를 사용하는 계정을 식별하고 허위 활동을 차단하고 있다고 발표했다.

3~4년 전 처음 인스타마켓이 시작될 때는 팔로워 수가 많으면 해당 계정에 신뢰가 가고 운영 중인 마켓이 인기 있어 보이는 효과가 있었다. 하지만 지금은 일반인들도 상당한 팔로워를 보유하고 있기 때문에 더 이상 눈에 보이는 수치가 매력적인 요소가 되지 않는다. 내 제품을 좋아하고 나의 팬이 되어 줄 '진성 팔로워' 한 명을 찾기 위해 더 노력해야 한다. **단순히 팔로워 수를 늘려 그럴듯해 보이는 마켓을 만드는 것보다는 내실 있는 콘텐츠에 집중하고 기존 팔로워들과의 소통을 강화하는 방법이 더 많은 팔로워를 유입시키는 길이다.**

공짜 스승을 활용하자

내가 하고 있는 일에 대한 성과를 빠르게 낼 수 있는 방법 중 하나는 이미 잘 하고 있는 사람을 따라하는 것이다. 인스타그램도 마찬가지다. 내가 판매하고자 하는 제품이나 서비스 분야에서 이미 그 일을 잘하고 있는 사람들이 존재한다. 그들을 내 '스승 채널'로 삼는 것이다. 단, 스승 채널이 많으면 배가 산으로 가기 때문에 최대 3명만 찾는 것을 권장한다. 사람마다 주력으로 내세우는 운영 방식이 달라 스승 채널이 많으면 기준을 잡지 못하고 이리저리 휘둘릴 수가 있다. 이 사람을 보면 이게 좋아 보이고, 저 사람을 보면 저게 좋아 보여 결국 내 피드는 다시 중구난방이 되어 버린다. 스승 채널은 나와 같은 분야에 있는 사람이어도 좋고 그렇지 않아도 상관이 없다. 대신 스승 채널에 대한 분석을 구체화시켜야 한다. 단순히 '팔로워가 많네', '사진을 잘 찍네', '물건이 잘 팔리네' 같은 걸으로 보이는 것에 대한 감탄으로 끝나서는 안 된다. 각각의 스승 채널별로 그 사람이 잘하고 있는 것 중 내가 실질적으로 가져다 쓸 수 있는 것들을 세분화시켜야 한다.

일례로 뛰어난 인테리어로 유명해진 계정이 있다고 하자. 그 사람이 가지고 있는 킬링 콘텐츠는 예쁘게 잘 꾸민 집인데 내가 그 사람을 스승 채널로 삼았다고 해서 당장 그렇게 집을 바꾼다거나 이사를 가는 것은 현실적으로 불가능하다. 대신 그 사람이 사진을 보정하는 방법이라든지, 집 사진을 찍는 구도, 혹은 사람들과 커뮤니케이션하는 방식을 벤치마킹하는 것은 가능하다. 각 스승 채널별로 그 사람이 잘하고 있는 영역에서 내가 가져올 만한 소스가 무엇이 있는지를 구체화시켜 보자. 훨씬 빠른 시간 안에 내 계정의 퀄리티를 올릴 수 있을 것이다.

여기서 명심해야 할 한 가지는 내가 카피캣(잘 나가는 제품을 그대로 모방해 만든 제품을 비하하는 용어)으로 전락하지 않아야 하는 것이다. 벤치마킹은 모방이나 복제와는 다르다. 잘 나가는 제품이나 대상을 분석하고 그것을 더 업그레이드시켜 내 것으로 만드는 전략이 필요하다. 카피캣은 절대 오래 지속될 수 없고 브랜딩 구축에도 악영향을 미친다.

나 역시 인스타그램 운영 초반에 스승 채널로 삼은 계정이 하나 있었다. 그 분은 사진을 찍는 감각이 남달랐고 제품과 잘 어우러지는 소품을 활용하여 상업 사진을 연출하는 능력이 뛰어났다. 제품 그 자체를 강조하기 보다는 그 제품이 가지고 있는 이미지를 사람들에게 사진으로 풀어내는 방식이 놀라웠다. 그래서 그분의 계정을 자주 보면서 사진 찍는 법들을 연습하곤 했다. 그렇게 잘 하는 사람들을 따라 하려고 노력하다 보면 어느 순간 그것이 체득되는 경험을 하게 된다. 그때부턴 굳이 스승 채널을 보지 않아도 내 방식대로 콘텐츠를 풀어 내는 것이 가능해진다. 그때까지는 스승 채널을 가이드라인 삼아 내 실력을 쌓을 수 있도록 노력해 보자.

인스타그램 안에서 이미 잘하고 있는 사람들의 노하우를 한 번에 파악할 수 있는 또 다른 방법이 있다. 이건 나 역시 채널을 키우면서 유용하게 사용했던 방법이자 인스타그램 성장 정체기에 빠질 때면 지금도 쓰는 방법 중 하나다. 일명 '한 놈만 판다' 전략이다. 내가 롤모델로 삼고 있는 스승 채널을 한 사람 정해 그 사람의 피드를 맨 처음부터 돌려 보는 것이다. 처음 이 사람은 인스타그램의 시작을 어떻게 했으며 어떤 시점에서 사람들과의 소통이 활발해졌고 어떤 계기로 첫 판매를 시작하게 되었는지를 차분히 돌려 보는 것이다. 그렇게 하나하나 피드를 정독하면서 그 사람의 퀀텀 점프(어떤 단계에서 다음 단계로 갈 때 계단의 차이만큼 뛰어오르는 현상)가 어떤 시점에 일어났는지를 분석하다 보면 내가 참고할 만한 전략이 생기기도 한다.

참 신기한 게 나는 이런 방법을 통해 인스타그램을 키우는 방법에 대한 팁도 얻었지만 가장 좋았던 건 많은 위로를 받았다는 것이다. 현재 큰 성과를 거두고 있는 그 어떤 계정도 첫 시작부터 화려한 경우

♥ 라이크쏠 계정의 첫 게시글.
메시지도, 정보도 없이 그저 사진과 해시태그만으로도
계정을 키울 수 있을 거라 착각했던 시절이다.

는 없었다. **지금은 5~6만 혹은 10만 이상의 팔로워를 보유하고 있는 인플루언서도 좋아요 10개, 댓글 2~3개가 첫 시작이었다.** 처음부터 사진을 잘 찍는 사람도 드물다. 첫 시작은 다들 어설프다. 그런데 그들의 한 가지 공통점은 시간이 쌓이고 경험이 쌓이면서 자신의 계정을 더 나은 방향으로 꾸준히 발전시켜 왔다는 것이다.

누군가가 쌓아 온 지난 몇 년간의 게시물을 처음부터 돌려서 보는 것이 사실 쉬운 일은 아니다. 시간이 꽤 오래 걸리는 작업이다. 그런데 나는 이 방법을 꼭 한 번 사용해 보길 적극 추천한다. 돈 주고도 못 살 정보를 공짜로, 그것도 앉은 자리에서 얻을 수 있는 효과적인 방법이다.

돈 버는 인스타마켓 만들기 기초편 십계명

1. 내 계정의 일관된 콘셉트를 정하고 브랜딩하기

2. 지속적으로 생산할 수 있는 콘텐츠 3개 정하기

3. 정보성 콘텐츠는 꼭 삽입하기

4. 매력적인 프로필과 자기소개 만들기

5. 프로페셔널 계정으로 전환하여 인사이트 활용하기

6. 인스타그램 알고리즘 100% 활용하기

7. 팔로워 모으기 전 피드 50개 채우기

8. 팔로워 모으기

　– 댓글, 좋아요, 선팔 활용해 소통하기

　– 빨대 꽂기 전략

9. 돈많은언니의 소통 기술 활용하기

10. 스승을 모방하기

돈 버는
인스타마켓 만들기

심화

인스타그램 숍,
무료 입점하기

───────── 최근 인스타그램은 비즈니스 플랫폼으로의 변화를 도모하고 있다. 인스타그램 메인 아이콘에 숍을 배치해 둠으로써 사람들이 해당 기능을 쉽게 이용할 수 있도록 유도하는 것이다. 각각의 비즈니스 플랫폼에는 입점 수수료가 존재하는데 인스타그램은 자사몰만 가지고 있으면 숍에 무료로 입점이 가능하다.

숍에 입점하기 위해서는 먼저 페이스북에 가입을 해야 한다. 페이스북은 인스타그램을 인수해 두 플랫폼을 유기적으로 활용할 수 있게 연결시켜 두었다. 초창기 숍에 제품을 올려둘 때는 스마트스토어처럼 타 도메인을 빌려서 사용하는 경우에도 입점이 가능했는데 최근에는 독립적으로 도메인 사용을 하고 있는 자사몰만 입점이 가능하도록 수정되었다. 그래서 일부 스마트스토어 판매자들은 스마트스토어 링크를 개인 도메인으로 바꿔 주는 서비스를 활용하여 인스타그램 숍 입점을 시도하는 경우도 있다. 하지만 이 방법이 숍 입점을 100% 보장해 주는 것은 아니다. 때문에 어떤 결제 시스템을 써야 할지 결정하기 전이라면 자사몰을 만들어 인스타그램 숍과 연동시키는 것을 추천한다. 인스타그램이 알고리즘 분석을 통해 내 제품군에 평소 관심이 있는 사람들에게 내 숍을 자동으로 노출을 시켜 주기 때문에 숍에 입점을 하는 것만으로도 광고 효과를 얻을 수 있다.

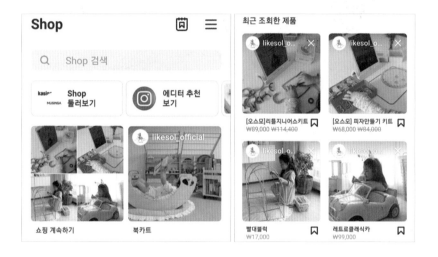

인스타그램 숍 입점의 또 다른 이점은 피드에 자사몰 링크를 직접 걸어 둘 수 있다는 것이다. 앞서 말한 것과 같이 과거엔 결제 시스템으로 연동할 때 자사몰이나 타 SNS 링크를 바이오 란에만 기재할 수 있었다. 때문에 사람들이 피드 속 사진을 보고 구매 결정을 했다고 하더라도 다시 고객을 링크로 이동시키는 작업이 필수적이었다. 그런데 인스타그램 숍에 입점하면 사진에 바로 링크를 걸 수 있다. 이를

'제품태그'라고 하는데 사진 속 태그를 누르면 웹사이트로 이동하는 절차가 훨씬 간단해진다. 때문에 이미 자사몰을 가지고 있는 경우라면 인스타그램 숍에 입점하지 않을 이유가 없다.

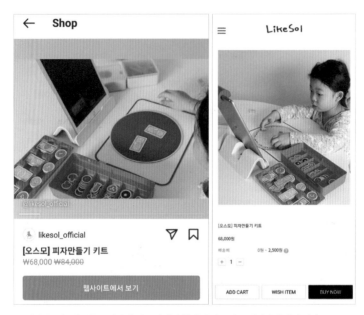

♥ 사진 속 제품태그를 클릭하면 제품 가격과 함께 사이트 이동 방법이 안내가 된다.
웹사이트 보기를 누르면 바로 자사몰로 연동이 되어 결제가 가능하다.

 인스타그램 숍에 입점하는 방법

1. 비즈니스 계정 혹은 크리에이터 계정으로 전환한다.

2. 인스타그램 프로필 편집으로 들어가 전체 공개 비즈니스 정보 섹션에서

페이스북 페이지를 선택한다.

* 아직 페이스북에 가입하지 않았다면 가입 후 '새 페이스북 페이지 만들기'를 먼저 해야 한다.

3. 페이스북 카탈로그 관리자에 접속 후 판매하고자 하는 제품 사진과 가격 등의 정보를 등록한다.

4. 검토를 위한 계정 제출하기를 클릭한다.

* 계정 검토는 일반적으로 며칠 가량 소요되며 도메인의 소유자임을 확인하는 추가 검토가 필요할 수 있다.

5. 계정에 대한 검토가 승인되면 인스타그램에 접속한 후 설정-비니지스-쇼핑에 들어가 계정에 연결하려는 제품 카탈로그를 선택한다.

6. 내가 판매하고자 하는 사진을 피드에 올리고 제품태그를 선택하여 카탈로그에서 해당되는 제품을 클릭해 준다.

여기까지 완료되었다면 10억 개 이상의 계정이 활성화되어 있는 인스타그램 플랫폼 안에 내 제품이 무료로 선보일 기회를 갖게 된 것이다. 그리고 앞서 이야기했듯이 인스타그램은 비즈니스 플랫폼으로 변신하고 있는 중이다. **큰 변화의 시기에는 언제나 더 많은 기회를 가져갈 수 있는 시장이 열린다.** 변화에 발맞춰 앞서가는 사람의 선점 효과는 후발 주자들과의 격차를 더욱 벌려갈 것이다.

인플루언서 활용하기

인스타그램 내에서는 인플루언서가 갖는 영향력이 어마어마하다. 내가 인스타마켓을 진행하며 많은 도매업체들과 거래를 지속해 본 결과 한 명의 인플루언서가 갖는 판매력이 오픈 마켓에 제품을 올려 판매하는 것보다 훨씬 높다는 것을 알았다. 그래서 규모가 제법 있는 기업들도 자체적으로 물건을 판매하거나 홍보 비용을 들이는 것보다 판매력이 강한 인플루언서 몇 명을 확보하는 것을 우선으로 한다. 판매처를 여러 곳에 두는 것보다 소수 인플루언서를 통해 재고를 모두 소진할 수 있기 때문에 공급처 입장에서도 자금을 빠르게 유동시킬 수 있다.

인스타그램에서 말하는 인플루언서의 정의는 연예인이나 유명인만을 뜻하지 않는다. 기본적으로 팔로워를 1만 명 이상을 확보하고 있는 사람들을 말한다. 그럼 이들을 어떻게 활용해 내 계정이나 제품의 판매력을 높일 수 있을까?

가장 보편적인 방법은 내 제품을 인플루언서에게 협찬하는 것이다. 유료 광고가 보편화되어 있는 유튜브와 다르게 인스타그램은 몇만 팔로워를 보유하고 있는 인플루언서들에게도 별도의 광고비 없이 제품 협찬만으로 거래가 이루어지는 경우가 많다. 다만 팔로워 수가 많은 '아무나'가 아니라 내가 판매하는 제품 카테고리와 잘 맞는 사람을 찾는 게 중요하다. 개인적으로는 5,000명 이상~2만 명 이하의 팔로워를 지닌 인플루언서를 공략하는 것을 추천한다. 주의해야 할 점은 인스타그램을 이용하는 사람들 중 제품 협찬을 목적으로 돈을 주고 팔로워를 구매한 가짜 인플루언서들이 많다는 것이다. 때문에 이 사람이 보유하고 있는 팔로워가 진짜인지 가짜인지를 가려내는 작업이 필요하다. 팔로워 대비 좋아요나 댓글 수가 현저히 저조하다면 가짜일 확률이 높다. 협찬 제안 시에는 DM(Direct Message)을 통해서 하되 협찬 제품에 대한 설명, 필수 해시태그, 업로드 기한 등의 상세한 가이드라인을 제시하는 것이 좋다.

20만 팔로워를 보유한 한 인플루언서가 본인의 피드에 딸과 함께 먹을 초콜릿을 사서 올린 적이 있다. 피드가 올라가고 불과 몇 분 만에 그 업체명은 네이버 검색어 1위를 차지했고 그 달에 생산할 수 있는 모든 수량을 몇 시간만에 완판했다. 한 업체는 본인과 스타일이 잘 맞는 인플루언서 한 명만을 집중 공략했다. 본인이 제작하거나 판매하는 제품을 주기적으로 해당 인플루언서에게 협찬하면서 관계를 쌓아간 것이다. 그 결과 단시간에 인플루언서의 팔로워들이 해당 계정으로 모여들었고 1년이 안되는 시간에 10만 팔로워를 달성하기도 했다.

인플루언서를 활용한 성공 사례는 인스타그램에서 쉽게 볼 수 있는데 내가 만약에 제품을 직접 제작하거나 도매 공급을 해 줄 수 있는 사업자라면 제품 협찬에서 더 나아가 공동 구매 제안을 하는 것도 효과적이다. 공동 구매 제안은 제품 판매량을 늘릴 수 있을 뿐만 아니라 제품을 광고할 수 있는 아주 좋은 기회다. 그것도 돈을 쓰는 광고가 아니라 돈을 버는 광고로 말이다.

만약 내가 제작하는 제품의 단가가 만 원이고 그 제품의 마진이 40%라고 한다면 인플루언서와 일정 비율로 수익금을 나눌 수 있다. 그럼 인플루언서의 계정을 통해 내 제품이 판매됨으로써 한꺼번에 제품을 다량으로 유통하는 기회를 얻을 수 있고 그렇게 구매한 소비자들에게 만족도를 얻는다면 내가 운영하고 있는 인스타그램이나 자사몰을 통해 재구매가 이루어질 수 있다. 인플루언서는 공동 구매라는 방식으로 기한을 정해 두고 판매를 하는 사람이기 때문에 상시 판매가 가능한 내 몰로 트래픽을 끌고 올 수 있는 셈이다. 물건이 한 번에 많이 판매되면 그만큼 후기도 많이 얻을 수 있는데 이는 마케팅의 가장 중요한 도구가 될 수 있다. 때문에 인플루언서의 계정을 모니터링하면서 판매된 내 제품에 대한 피드백을 받는 것 또한 돈을 주고도 살 수 없을 만큼 큰 자산을 만드는 것이다.

직접 인플루언서와 관계를 맺고 친해지는 것 역시 계정을 키우는 효과적인 방법이다. 인스타그램을 하다 보면 각각의 카테고리별로 친한 인플루언서 무리가 존재하는데 그들 역시 서로의 영향력을 이용해 본인의 제품을 홍보한다. 때문에 내 계정이 팔로워 5,000명 이상을 모아 둔 상황이라면 인플루언서의 무리에 들어가 그 안에 섞이는 전략을 쓰는 것도 매우 좋다.

그럼 어떻게 하면 인플루언서의 무리와 섞일 수 있을까? 바로 내 계정을 각인시키는 것이다. 내가 친해지고 싶은 인플루언서 계정에 알림을 설정해 두고 그 사람이 올리는 각각의 피드마다 댓글을 달아 주며 소통에 집중한다. 인플루언서의 팔로워가 너무 많아서 내가 올리는 댓글을 이 사람이 알 수 있을까 싶겠지만 피드마다 빠지지 않고 진정성 있는 댓글을 남겨 주면 상대방 역시 기억할 수밖에 없다. 인플루언서가 만약 제품을 판매하고 있는 사람이라면 그 제품을 구입해 정성스러운 후기를 남겨 주는 것도 좋다. 내 계정에 관심도가 높은 사람이 제품까지 구매해 친절한 후기를 남겨 주면 해당 인플루언서 역시 소통의 물꼬를 틀 확률이 높다.

무료 광고의 끝,
트래픽 끌고 오기

———————— 온라인에서 내가 제품을 팔고자 마음먹었다면
결국 우리는 트래픽 싸움을 해야 한다. 여기서 말하는 트래픽이란 온
라인에서 내 계정으로 유입되는 사람들의 양을 말한다.

가장 손쉬운 방법은 광고비를 내고 상품을 알리는 것이다. 네이
버 스마트스토어의 경우 이 트래픽을 끌고 오기 위해 키워드 광고나
검색 광고를 하는 것이고 인스타그램 역시 스폰서 광고를 통해 내가
타겟한 사람들에게 내 계정을 노출시켜 트래픽을 끌고 올 기회를 만
드는 것이다. 내가 아무리 좋은 제품과 서비스를 제공하고 있다 하더
라도 그걸 알아주는 사람이 없거나 적으면 사업이 성장하는 데 오랜
시간이 걸린다. 사업 자금이 여유로워 광고비 집행에 대한 부담 없이
내 계정으로 트래픽을 몰아넣을 수 있다면 좋겠지만 아직 자리를 잡

지 못한 초보 사업자들의 경우 광고비는 가장 부담스러운 부분 중 하나다.

그렇다면 어떻게 돈을 쓰지 않고 무료로 대량의 트래픽을 끌어올 수 있을까? 가장 효과적인 방법 중 한 가지는 내 채널을 다각화하는 것이다. 나 역시 현재 블로그, 인스타그램, 유튜브 세 가지 채널을 운영하고 있고 세 가지 채널이 유기적으로 연결되어 내가 운영하는 마켓에 소비자들을 유입시키고 있다. 내가 제품을 판매하는 메인 채널은 인스타그램이지만 나머지 두 채널 역시 내 마켓을 홍보하는 보조 역할을 하고 있는 것이다.

앞서 말했듯 난 인스타그램 시장에 무작정 뛰어들어 무식하게 일을 시작했다. 따라서 처음엔 어떻게 팔로워를 늘려야 할지 몰라 매일 고생한 기억이 있다. 그런데 아주 쉬운 방법으로 팔로워를 늘릴 수 있는 기회가 찾아왔다. 그리고 그 기회는 아이러니하게도 인스타그램이 아니라 블로그였다.

2016년 1월, 신혼집을 꾸민 인테리어 정보 포스팅을 블로그에 작성했는데 그 포스팅이 네이버 메인에 떡하니 소개되었다. 그덕에 일시적으로 수만 트래픽이 내 블로그로 유입됐고 "집이 너무 예뻐요. 더 많은 사진도 보고 싶네요."라는 댓글들이 많이 달렸다. 난 이때다 싶어 그 포스팅 하단에 내 인스타그램 아이디를 추가했고 "더 많은 사진이 궁금하신 분들은 제 인스타그램도 방문해 주세요." 라고 메시지를 남겼다. 결국 단 며칠 만에 인스타그램 팔로워 3~400명을 확보하였고 이후 내가 손품을 팔며 팔로워 1,000명을 확보하는 아주 탄탄한 디딤돌이 되었다. 더군다나 신혼집 인테리어에 관심을 보이는 사람들 대부분 역시 나와 같은 신혼부부이거나 예비 신부 등이었고 자연스럽게 내 마켓의 타겟을 확보하는 효과도 있었다.

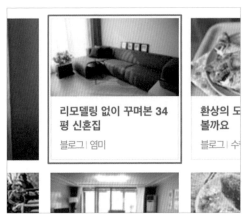

♥ 네이버 메인 페이지에 소개돼 트래픽을 끌어올 수 있었던 포스팅

네이버는 국내 최대 검색 엔진으로 우리나라 국민의 절반이 넘는 3,000만 명의 사용자를 보유하고 있다. 때문에 네이버만 잘 활용해도 큰돈을 들이지 않고 효과적인 광고 효과를 누릴 수 있다.

구체적인 방법을 몇 가지 이야기하자면 먼저 나처럼 블로그를 직접 운영하는 것이다. 블로그는 3,000만 트래픽을 보유한 네이버에 내 제품을 홍보할 수 있는 무료 전광판인 셈이다. 사람들 대부분은 특정 제품을 구입하기 전 네이버에 검색부터 한다. 그때 내가 네이버에 작성한 글이 상위에 노출되어 사람들이 내 제품을 볼 수 있다면 판매로 이어질 확률이 높다.

내가 쓴 글이 상단에 노출되려면 '최적화 블로그'를 만들어야 하는데 이 부분을 어렵게 생각하는 사람들이 있을 것이다. 블로그는 검색 로봇에 의해 수집된 정보로 블로그의 퀄리티를 판단하는데, 핵심적인 요소는 다음과 같다.

먼저 블로그에 포스팅을 정기적으로 작성하는가이다. 때문에 블로그를 시작하기로 마음먹었다면 적어도 일주일에 2개 이상의 포스팅을 작성하려는 노력이 필요하다. 글을 작성할 때도 누군가 써놓은 글을 복사해서 붙여넣기하는 것보다는 나의 생각과 경험을 직접 타이핑하면서 글과 이미지를 섞는 방식이 좋다.

포스팅의 길이 역시 콘텐츠의 질을 판단하는 요소 중 하나다. 최근 인터넷 커뮤니티에서 유행하는 '네이버 블로그 스타일 글쓰기'를 본 적이 있을 것이다. 핵심 콘텐츠와 상관 없는 날씨 이야기, 동의어 반복, 이모티콘 삽입 등 글의 양을 일부러 늘려 쓴 글들을 말한다. 이런 스타일의 글을 '네이버 블로그 스타일'로 부르는 것 자체가 네이버 검색 로봇이 긴 글을 좋아하고 블로거들이 이 조건을 충족하기 위해 억지로 글을 늘린다는 것을 방증한다. 하지만 핵심 콘텐츠와 상관 없는 이야기는 검색 로봇의 눈을 속일 수는 있겠지만 정작 글을 읽는 사람들의 마음을 사로잡는 데는 오히려 해가 되니 '읽고 싶은 긴 글'을 작성하는 훈련이 필요하다.

또 다른 하나는 적절한 키워드를 사용하는 것이다. 네이버는 키워드 중심의 서비스를 제공하기 때문에 아무리 좋은 글을 작성했다 하더라도 키워드 노출이 되지 않으면 사람들에게 보여질 수 있는 기회가 없어진다. 만약 내가 어떤 키워드를 써야 노출률을 높일 수 있을지 모르겠다면 네이버 데이터랩이나 구글 트렌드에 들어가 관련 키워드를 공부해 보길 추천한다. 두 사이트 모두 검색 엔진에서 자체적으로 분석한 키워드 정보를 제공하는 것이므로 검색 도달률을 높일 수 있는 효과적인 지표가 될 것이다.

국내 최대 유통 사이트인 쿠팡에서는 '쿠팡 파트너스' 사업을 확장해 가고 있다. 쿠팡 파트너스는 쿠팡에서 판매하는 제품을 블로그 글에 소개하고 그 포스팅에 연결된 쿠팡 링크로 구매 전환이 발생하면 일정 수수료를 블로거에게 주는 방식이다. 이처럼 규모가 큰 대기업도 블로거를 활용해 네이버에 포진해 있는 대량의 트래픽을 끌고 오는 작업을 한다. 내가 운영하는 블로그가 최적화되어 상위 노출 기회를 얻게 되면 내 제품을 홍보하는 좋은 기회를 얻게 됨은 물론 제품 협찬이나 유료 광고 등의 기회까지 얻을 수 있으니 지금부터 블로그를 시작해 보자.

네이버를 활용하는 또 다른 방법은 내가 판매하는 제품과 연관된 카페에 가입하는 것이다. 커뮤니티를 공략하는 마케팅 방법은 고전적이긴 하지만 이미 타겟화된 사람들이 모여 있기 때문에 그 효과를 빠르게 볼 수 있다.

내가 결혼 준비를 하며 가입했던 '레몬테라스'라는 카페가 있다. 이곳은 30만 회원이 가입되어 있는데 결혼 준비에 대한 모든 정보는 물론 인테리어와 관련한 다양한 정보를 얻을 수 있는 곳이다. 나 역시 블로그만 운영하던 시절 레몬테라스에 신혼집 온라인 집들이에 관한 글을 올려 개인 블로그로 트래픽을 끌고 온 경험이 있다. 당시 글 한 개로 인해 500개가 넘는 댓글과 함께 약 300명이 넘는 사람들이 내 블로그를 이웃추가 하기도 했다.

하지만 당시 레몬테라스 안에서 네이버 트래픽을 가장 잘 활용했던 한 사람이 있었다. 이 사람은 매일매일 레몬테라스에 신혼 밥상을 콘텐츠로 글을 올렸다. 매일 올리지 못할 경우 일주일에 1~2번은 꼭 글을 올렸는데 핵심은 음식을 표현하는 플레이팅 솜씨가 좋았다. 꽤 오랜 기간 동안 글이 주기적으로 올라오자 카페 내에서도 해당 콘텐츠를 기다리는 사람들이 많았고 반응이 좋았다. 시간이 흘러 팬층이 생기기 시작하자 이 사람은 카페 내에 인스타그램 계정을 슬쩍 공유하기 시작했고 30만 회원이 가입되어 있는 레몬테라스의 트래픽을 본인 계정으로 끌어오는 작업을 했다. 그 후에 이 사람은 인스타그램에서 주방용품과 관련한 쇼핑몰을 오픈했고 지금은 6만 팔로워를 보유하며 오프라인 매장까지 그 사업을 확장했다. 이 모든 게 1년 안에 이루어진 일이다.

카페 내에 내가 판매하는 제품과 연관된 키워드들을 알림 설정해 두는 것도 좋은 방법이다. 만약 밀키트를 판매하는 사람이라면

'캠핑 요리', '야식', '간편식' 등의 키워드를 설정한 뒤 관련된 글이 올라올 때 댓글에 슬쩍 본인이 판매하는 제품을 추천하는 방식도 좋다. 카페 게시글 역시 네이버 검색을 통해 노출되는 부분이므로 해당 카페 가입자가 아닌 사람들에게도 내 제품을 홍보할 수 있는 좋은 수단이 된다.

마지막으로는 지식인을 활용하는 것이다. 카페에서 사용하는 전략과 마찬가지로 내가 판매하는 제품이나 서비스와 관련한 지식인 문의글이 있으면 답을 달아 줌과 동시에 판매 링크를 연결해 직접 구매를 유도하는 것이다. 이 외에도 유튜브, 틱톡, 페이스북 등 성격이 맞는 채널을 골라 채널을 다각화해 보자. 마켓이 성장하는 시간이 획기적으로 줄어들지도 모른다.

인스타그램
스폰서 광고 활용하기

인스타그램은 자체적으로 스토리 광고, 탐색 탭 광고, 이미지 광고, 컬렉션 광고, 슬라이드 광고 등의 다양한 광고 형식을 지원한다. 광고의 종류는 광고가 노출되는 위치와 광고하고자 하는 콘텐츠의 유형에 따라 나뉜다.

이미지 광고는 하나의 이미지를 광고하는 경우, 슬라이드 광고는 한 화면에 여러 개의 이미지를 밀어서 볼 수 있도록 하는 경우, 컬렉션 광고는 동영상이나 이미지 또는 두 형식을 결합하여 전달하는 경우다. 때문에 광고 형식과 위치는 판매하는 제품 특성과 타겟에 맞게 판매자가 선택하면 된다. 인스타그램은 다음 세 가지 방법으로 광고를 게재할 수 있다.

첫 번째는 인스타그램 앱 내에서 하는 방법, 두 번째는 페이스북에서 제공하는 광고 관리자를 통해 하는 방법, 세 번째는 인스타그램 파트너를 통해 광고를 구매하는 방법이다.

나는 가장 간편하게 광고를 게재할 수 있는 첫 번째 방법을 추천한다. 이는 판매자가 본인 피드에 공유한 게시물을 홍보하는 것이다. 게시물을 업로드하면 사진 오른쪽 하단에 홍보하기라는 버튼이 뜨는데 이곳을 클릭하여 간단하게 스폰서 광고를 집행할 수 있다.

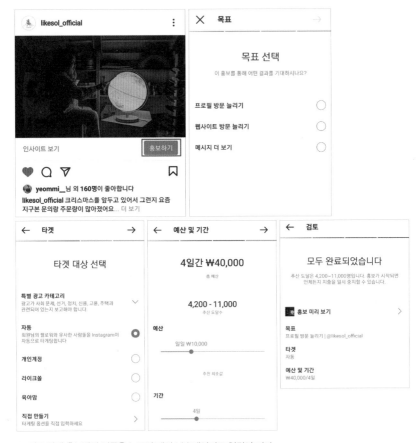

♥ 피드 아래 홍보하기 버튼을 누르면 페이스북 페이지로 연결이 되며 광고 목표, 타겟, 예산 및 기간 등을 설정할 수 있다.

인스타그램 광고의 장점은 원하는 타겟에 정확히 도달할 수 있도록 정밀한 타겟팅 옵션을 제공하는 것이다. 특정 위치를 기반으로, 성별, 연령, 언어와 같은 인구 통계학적 정보를 기반으로, 관심사를 기반으로 해당 게시물을 노출시킬 수 있다. 만약 타겟층에 대한 설정이 어렵다면 자동 타겟팅을 설정해도 되는데 인스타그램이 기존 팔로워들과 유사한 사람들로 타겟을 자동 생성한다.

나는 광고비 책정에 인색한 편이다. 사업을 진행하며 4년 동안 광고비로 사용한 금액이 총 100만 원도 안 될 것이다. 하지만 수익에 대비하여 적정한 수준의 광고비를 사용하는 것은 찬성한다. 물론 가장 중요한 것은 내가 앞서 말한 본인의 노력으로 계정을 키우는 것이 필수로 전제되어야 하고, 광고는 이를 뒷받침하는 보조 역할로 활용해야 하는 것이다. 인스타그램은 타겟화된 사람들을 대상으로 하루 광고비와 기한을 설정할 수 있기 때문에 무분별한 광고비 집행을 막을 수 있다.

나는 새로운 제품이 출시되거나 수요가 많을 것 같다고 판단되는 제품은 판매 2~3일 전에 스폰서 광고를 활용하곤 한다. 광고 집행비에 따라 콘텐츠 도달률을 보장하기 때문에 가격 대비 효과가 좋다. 광고 설정 시에는 랜딩페이지(링크를 클릭했을 때 소비자들이 도달하고자 하는 곳)를 직접 설정할 수 있기 때문에 원하는 광고 목표를 더 효과적으로 달성할 수도 있다. 단순히 계정에 대한 홍보가 목적이라면 랜딩페이지를 내 프로필로 설정하면 되고, 제품 판매가 목적이라면

랜딩페이지를 홈페이지의 구매 페이지로 설정하면 된다. 처음부터 너무 무리해서 광고를 집행하기 보다는 소액으로 먼저 시작해 보고 광고 효과에 따라 예산을 늘리는 방식을 추천한다.

어떤 대표님은 한 달에 인스타 광고비로 200만 원을 투자하는데 한 달 소득이 20~30만 원 이라고 한다. 절대 건강한 구조의 마켓으로 성장할 수 없다. 게다가 인스타그램은 광고 효과가 즉각적이기 때문에 만약 광고 대비 수익률이 현저히 떨어진다면 제품 선정이나 가격 설정에 문제가 있는지 돌아봐야 한다. 광고 효과는 내가 어떤 제품을 어떻게 기획했는가에 따라 현저히 달라진다.

나 역시 광고를 집행하는 콘텐츠는 사진 퀄리티나 글의 내용, 혹은 동영상을 이용해 제품을 더욱 정교하게 알리는 등 몇 배는 더 신경 쓴다. 노출률이 높아지는 만큼 사람들의 이목을 집중시킬 수 있는 요소들이 곳곳에 배치되어 있어야 하기 때문이다. 광고 효과를 높이는 또 다른 요인은 콘텐츠의 질임을 잊지 말자!

돈 버는 인스타마켓 만들기 심화편 오계명

1. 인스타그랩 숍 입점해 무료 광고 '당하기'

2. '진짜 인플루언서' 활용하기 : 협찬과 판매, 그리고 내 편 만들기

3. 모든 트래픽을 내 마켓으로 집중하도록 만들어라.

4. 커뮤니티 댓글도 나에겐 광고 매체

5. 인스타그램 광고에도 법칙이 있다.

Chapter

05

돈 버는
제품 사진의 비밀

인스타마켓의 핵심,
결국은 사진

인스타그램은 사진으로 소통하는 플랫폼이다. 유튜브의 첫인상이 썸네일이고, 블로그의 첫인상이 키워드에 있다면 인스타의 첫인상은 사진이라고 할 수 있다. 특히나 인스타그램을 수익화 계정으로 만들고 싶다면 무엇보다 사진에 가장 많은 노력을 기울여야 한다. 결국 사람들이 팔로우 버튼을 누르게 만드는 것 역시 사진의 퀄리티라고 할 수 있다. 아무리 좋은 제품도 사진이 뒷받침되지 않으면 그 매력을 표현하는 데 장애물이 된다. 반면 소위 말하는 '사진발', '조명발'을 잘 활용하는 사람은 비교적 빠른 시간 안에 초기 팔로워들을 잡을 수 있다.

100만 경제 유튜버로 유명한 신사임당은 다음과 같은 말을 했다. "단군 이래 가장 돈 벌기 좋은 시대다." 나는 이 말에 전적으로 동의한다. **바야흐로 사진만 잘 찍어도 돈을 버는 시대가 된 것이다.** 값비싼 카메라나 조명도 필요 없다. 누구나 가지고 있는 핸드폰 카메라로도 우리는 돈 버는 사진을 찍을 수 있다.

인스타그램을 통해 안정적인 수익을 창출하고 있는 사람들의 성공 키워드는 누구나 다를 수 있다. 누군가는 탁월한 상품 소싱 능력, 누군가는 사람들 간의 소통력, 누군가는 외모나 몸매처럼 타고난 매력 자체가 콘텐츠가 되어 수익을 창출한다. 그런데 이 모든 사람들의 공통적인 특징 중 한 가지는 이러한 키워드를 사진으로 표현하는 능력이 뛰어나다는 것이다. 앞서 돈 버는 인스타마켓을 만들기 위한 과정으로 계정을 꾸려갈 주 콘텐츠를 설정했다면 이젠 그것을 매력적으로 표현하는 것에 집중할 차례다.

우리가 동네 사진관에 가서 증명사진을 한 장 찍을 때도 옷 매무새를 정리하고 머리도 빗고 화장도 다시 하는 수고를 감수한다. 그런데 인스타그램에 올릴 사진을 찍을 때는 그런 연출없이 그냥 눈에 보이는 '날 것' 그대로를 찍어서 올리는 사람들이 많다.

나는 4년 가량 인스타그램을 운영하며 개인 계정엔 사진 약 2,500개, 비즈니스 계정엔 사진 약 2,000개를 올렸는데 이 중 연출없이 '그냥' 찍어 올린 사진은 단 한 장도 없다. 카페에서 먹은 커피 사진을 한 장 찍어서 올릴 때도 빛이 들어오는 위치와 커피잔의 구도 그리고 배경이 될 만한 포토 스폿을 하나하나 염두해서 촬영 버튼을 누른다. 내가 인스타그램을 성공적으로 수익화한 배경에는 총 4,500번의 고민과 노력이 있었던 셈이다.

　온라인 사업 분야에서 성공 사례로 뽑히는 '마켓컬리'의 경우 샛별배송이 그 성공 요소라고 생각하겠지만 마켓컬리가 마케팅 요소 중 가장 중요하게 신경 쓴 부분은 사진이다. 마켓컬리는 다양한 브랜드의 제품을 입점시켜 판매하는 플랫폼 비즈니스 중 하나인데 다른 플랫폼과 차별화된 전략 중 하나가 마켓컬리만의 느낌으로 모든 제품 사진을 새롭게 찍는다는 것이다. 제품 자체가 돋보이면서도 본질이 잘 드러나는 군더더기 없는 사진으로 사람들을 유혹한다. 때문에 마켓컬리에 한 번이라도 들어가 본 사람이라면 사이트가 주는 고급스러운 이미지와 깔끔한 디스플레이 전략에 한 번쯤 구매욕이 생겼을지 모른다. 그만큼 온라인 시장에서 사진이 주는 힘은 백 번 강조해도 지나치지 않다.

　나는 상품 선택을 위해 도매사이트에서 물건을 탐색하는 시간이 많다. 그리고 도매사이트에서 물건을 선택하는 데 가장 큰 영향을 받는 것은 거래처에서 제공하는 사진이다. 어쨌든 내 눈에도 예뻐 보여야 소비자들에게 소개할 힘이 생기기 때문이다. 그런데 가끔씩 인스타그램 탐색 탭을 둘러보다 내가 도매처에서 본 제품 중 그냥 지나쳤던 제품들이 다른 셀러에 의해 아예 다른 분위기로 연출되는 경우를 발견할 때가 있다. 분명 거래처 사진으로 매력적인 요소를 찾지 못해 판매 리스트에서 제외시켰던 건데 다른 셀러의 능력으로 그 제품이 새롭게 빛을 보는 것이다. 수많은 제품을 셀렉하고 판매해 본 경험이 있는 나 역시도 제품의 본질보다는 보이는 것에 속는 경우들이 많은데 하물며 소비자들은 어떻겠는가! '백문이 불여일견'이라는 말은 여기에도 적용되는 셈이다. 백 마디 말보다 잘 찍은 한 장의 사진이 오히려 더 많은 소비자들의 마음을 움직일 수 있다.

대부분의 사람들이 인스타그램 진입장벽을 높게 생각하는 이유와 계정을 오래 끌고 가지 못하는 이유는 사진에 대한 자신감이 없기 때문이다. 사진을 찍는 것도 예술의 한 부분처럼 생각해 타고난 감각이 있어야 할 수 있는 것으로 여긴다. 그러나 나는 자신있게 말할 수 있다. 사진은 노력으로 충분히 정복할 수 있는 부분이다.

나는 사진에 대한 전문 지식이 없다. 그리고 전문가에게 따로 교육을 받은 경험도 없다. 하지만 그렇기 때문에 다음 내용은 오히려 누구나 따라할 수 있는 더 쉽고 현실적인 방법이 될 것이다. 같은 말도 천박하게 하는 사람이 있고 우아하게 하는 사람이 있다. 제품도 마찬가지다! 내가 어떻게 그것을 표현하느냐에 따라 내 계정을 고급스럽게 만들지, 다이소 같은 만물상으로 만들지를 결정한다. 결국은 인스타그램 브랜딩 전략의 가장 큰 요소 역시 결국은 사진인 셈이다. 내가 경험해 보니 사진을 찍는 것도 하나의 공식과 같아 한 번 익혀 두면 언제고 쉽게 적용할 수 있다. 그러니 어렵게 생각하지 말고 한 단계씩 도전해 보자. 돈버는 사진을 찍을 준비가 되었는가? 그렇다면 렌즈 먼저 깨끗이 닦아두길 바란다.

보고 또 보고,
찍고 또 찍고

──────────── 어떻게 해야 좋은 사진을 찍을 수 있을까? 내가 추천하는 가장 효과적인 방법은 우선 '잘 찍은' 사진들을 많이 보는 것이다. '아는 만큼 보인다'는 옛말이 있다. 내가 직접 보고 경험한 것들이 많을수록 그것을 활용할 수 있는 능력이 커지는 것이다. 사진을 찍는 일이 익숙하지 않을 경우 처음엔 잘 찍은 사진과 그렇지 못한 사진을 구별하는 기준조차 없는 경우가 많다. 때문에 내 기준에선 잘 찍은 것 같지만 현실은 그렇지 못한 경우들이 생긴다. 본다는 것은 '안목'을 기른다는 것이다.

요즘은 사진을 공유하는 웹사이트도 정말 많다. 몇 가지를 예로 들자면 픽사베이, 언스플래시, 스탁업, 파인드어포토 등이 해당된다. 이곳에 들어가면 수천, 수만 장의 사진을 키워드 검색 하나로 무료로 둘러볼 수 있다. 검색창에 내가 찍고 싶은 주제의 검색어만 입력해도 관련 사진들이 셀 수도 없이 많이 펼쳐진다. 그것들을 단순히 보는 작업만으로도 잘 찍은 사진에 대한 기준과 감을 기를 수 있다. 그렇게 다양한 사진을 많이 보다 보면 그중 내가 어떤 스타일의 사진을 좋아하는지에 대한 취향도 파악할 수 있다.

패션을 예로 들어보자. 내가 옷에 관심이 있는 사람이라면 패션 잡지나 패션 커뮤니티를 통해 다양한 스타일을 먼저 파악할 수 있을 것이다. 모던룩, 페미닌룩, 보이시룩, 오피스룩, 러블리룩, 빈티지룩 등 다양한 패션 스타일 중 나에게 잘 어울리거나 내가 추구하는 스타일을 골라 하나의 기준점으로 삼을 수 있다. 만약 내 취향이 모던룩에 가깝다면 거기에 맞춰 의상을 구매하거나 관련된 액세서리 등을 구입해 연출을 하면 되는 것이다.

사진도 마찬가지다. 사진도 찍는 사람에 따라 다양한 스타일이 존재한다. 누군가는 여백의 미를 강조하기도 하고 누군가는 소품을 활용한 연출에 힘을 쓰기도 한다. 중요한 것은 내 계정과 어울리는, 그리고 내가 따라할 수 있을 만한 스타일을 먼저 파악하는 것이다.

나의 첫 인스타마켓 제품은 이불이었다. 생각해 보자, 이불은 크다. 그리고 그냥 네모 모양이다. 사진 난이도 최상의 제품이 하필 라이크쏠의 첫 판매 제품이 된 것이다. 네모난 천 쪼가리를 어떻게 하면 예쁘게 표현할 수 있을까? 접어도 보고 펼쳐도 보고 구겨도 보고 참 다양한 모양으로 예쁘게 찍어 보려고 노력했지만 내가 원하는 느낌을 표현하기란 쉽지 않았다.

그래서 내가 선택한 방법 역시 기존에 해당 분야에서 사진을 잘 찍는 사람의 연출법을 반복해서 보는 것이었다. 앞서 말한 스승 채널의 활용이었다. 특수한 경우를 제외하고 이불의 소재는 대부분 유사하다. 몸에 닿는 제품이다 보니 대부분 면으로 만들어진 제품을 판매한다. 특히나 시중에 유통되는 원단은 생산 공장이 제한적이라 거래처마다 디테일의 차이가 있을 뿐 품질은 거기서 거기인 셈이다.

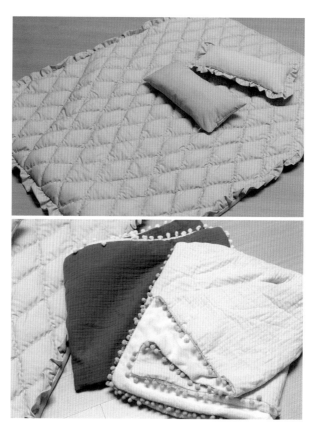

♥ 사진에 대한 공부 없이 무작정 찍었던 이불 사진

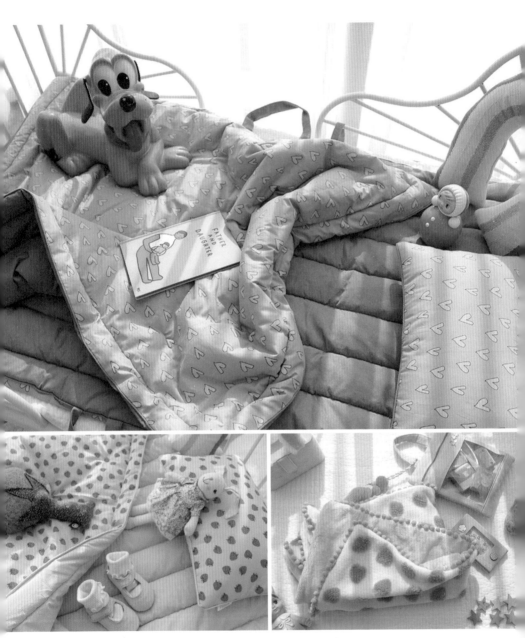

♥ 스승 채널에서 영감을 받아 소품과 빛의 활용, 다양한 구도를 연출할 수 있게 됐다.

인스타마켓으로 '돈많은언니'가 되었다

그럼 내가 힘을 쏟아야 하는 것은 어떻게 하면 내 제품이 사람들에게 더 예쁘게 보일 것인가 하는 부분이었다. 스승 채널의 모든 사진들을 처음부터 끝까지 돌려 보고 그중에서도 내가 따라할 만한 사진이 있으면 캡처를 해서 따로 모아두었다. 스승 채널을 보면서 비슷한 소품을 구매하기도 하고 최대한 비슷한 연출이 가능하게 공간을 페인팅하면서 집안에 포토 스폿을 별도로 만들기도 했다.

그리고 사진을 찍을 때면 빛이 들어오는 방향과 소품의 위치, 그리고 제품의 연출까지, 똑같이는 아니더라도 내 상황에서 할 수 있는 최선을 다했다. 촬영 중간중간 모아 놓은 사진을 다시 돌려보면서 비슷한 느낌이 들도록 디테일 하나하나를 신경 써서 촬영했다. 그 결과 단기간에 내 계정의 사진 퀄리티를 향상시킬 수 있었고 사람들의 반응도 좋았다. 나 역시 사진의 질이 좋으니 소비자들에게 더 적극적으로 제품을 홍보할 맛이 났다.

위 사진을 비교해 보자.

당신은 어떤 제품을 사고 싶은가, 그리고 어떤 제품을 팔고 싶은가.

수평 수직, 그리고 구도

—————— "사진을 어떻게 하면 잘 찍을 수 있나요? 저는 사진을 찍는 센스가 부족해요!" 라고 말하는 사람들이 많다. 그런데 사진 찍는 법을 잘 모르는 사람들의 가장 큰 문제점은 바로 '구도'에 있다. 균형이 깨진 구도 때문에 사진이 어설퍼 보이는 것이다. 모나리자나 최후의 만찬과 같이 우리가 익히 알고 있는 명화들의 공통적인 특징은 안정적인 구도에 있다. 균형 잡힌 '구도'만으로도 우리는 좋은 사진을 충분히 만들 수 있다는 말이다.

사진 촬영의 가장 기본적인 자세는 내가 찍고자 하는 피사체의 수평과 수직을 먼저 잘 맞추는 것이다. 사진은 순간을 촬영하고 그 단면을 사람들에게 보여 주기 때문에 역동성을 갖지 않는다. 때문에 사진 한 장으로 보여지는 찰나의 순간을 기술적으로 담는 능력이 필요하다. 좋은 사진을 판단하는 기준은 많겠지만 가장 중요한 것은 보는 사람들에게 안정성을 주는 것이다.

인간의 시각은 본능적으로 안정과 균형을 찾는 것에 익숙하다. **결국은 보는 사람이 편안해야 좋은 사진이 되는 것이다.** 그런데 가장 기본이 되는 이 부분을 간과하고 단순히 '찍는' 행위에 의미를 두는 사람들이 많다. 인물이 됐든, 풍경이 됐든, 사물이 됐든 내가 강조하고자 하는 피사체가 기울어져 있으면 사진의 완성도가 떨어지고 보는 사람들도 불편함을 느낀다.

그럼 어떻게 수평 수직을 잘 맞춰 사진을 찍을 수 있을까?

첫 번째 방법은 촬영 모드에서 격자를 설정하는 것이다. 안내선 이라고도 하는데 촬영 화면에 가로 3줄 세로 3줄의 안내선이 있어 눈으로 맞추는 것보다 더 정확하게 기준선을 잡을 수 있다.

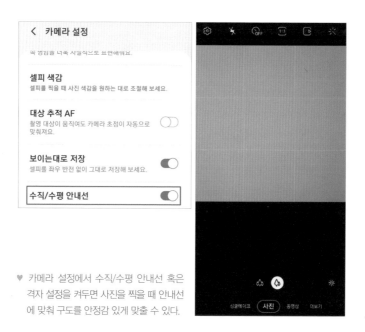

♥ 카메라 설정에서 수직/수평 안내선 혹은 격자 설정을 켜면 사진을 찍을 때 안내선에 맞춰 구도를 안정감 있게 맞출 수 있다.

두 번째 방법은 보정 프로그램을 활용해 수평 수직을 맞추는 것이다. 나는 VSCO라는 보정 프로그램을 사용하는데 단순히 사진의 수평을 맞추는 기능 외에도 상하좌우의 기울기를 미세하게 조절할 수 있다는 장점이 있다. 이 부분은 아래 VSCO 활용법에서 자세히 설명할 것이다.

나는 사진을 잘 찍는 방법으로 무조건 격자 설정을 해 두길 추천한다. 격자 설정이 되어 있으면 우린 3분할 법칙을 활용해 사진의 구도를 잡을 수도 있다. 3분할 법칙은 가로 세줄과 세로 세줄의 안내선이 겹치는 4개의 교차점 중 한곳에 피사체를 배치하는 연출법이다.

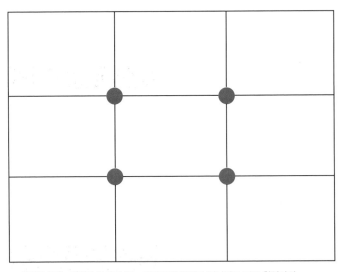

♥ 사진을 찍을 때 빨간색 점이 있는 각각의 교차점에 피사체를 두고 촬영하면
다양한 연출과 안정적인 구도를 함께 보여줄 수 있다.

3분할 법칙을 활용하면 피사체를 항상 가운데에 두고 촬영하는 초보 단계에서 벗어나 안정감과 균형감을 주는 구도 안에서 사진을 표현할 수 있다. 3분할 법칙은 피사체의 성격과 상관없이 어디에나 적용할 수 있는 가장 기본적이고 안정적인 구도라고 할 수 있다. 아직 사진 찍는 것이 익숙하지 않다면 3분할 법칙을 적극 활용해 보자. 사실 사진을 찍는 것에 정답은 존재하지 않지만 좋은 구도가 좋은 사진을 만드는 것은 부인할 수 없다. 좋은 구도를 만들기 위해서는 최대한 사진을 많이 찍어 보고 다양한 각도에서 찍어 보는 연습을 해야 한다.

나는 사진을 찍을 때 절대 한 자리에서 한 가지 자세로 찍지 않는다. 피사체의 방향도 이리저리 바꿔 보고 나의 위치와 앵글을 조절해 다양한 각도로 사진을 찍는다. 하이 앵글로 찍었을 때 피사체의 매력이 드러나는 경우가 있고 로우 앵글로 찍었을 때 더 돋보이는 경우도 있다. 피사체 자체를 강조하는 것보다 그 주변 분위기가 피사체를 돋보이게 할 경우도 있기 때문에 줌 아웃 기능을 활용해 사진을 찍어 보기도 한다.

내가 친구들과 카페에서 만났던 적이 있었다. 모임이 끝나고 각자의 인스타그램 계정에 그날의 기록을 남겼는데 나의 계정을 본 친구들이 하나같이 남긴 댓글의 내용은 같은 날 같은 장소에 있었는데 왜 이렇게 사진의 느낌이 다르냐는 것이었다. 친구들과 내가 사진을 찍을 때 달랐던 점은 나는 어떻게 하면 이 공간을 더 예쁘게 담을 수 있을까 구도를 고민하며 이렇게 저렇게 사진을 찍어 본 것과 달리 친구들은 앉은 자리에서 눈에 보이는 그대로를 사진으로 담았다는 것에 있다. 이처럼 같은 공간에서 같은 물건을 보더라도 찍는 사람의 자세에 따라 사진의 결과물은 달라질 수 있다. 만약 내가 인스타그램을 통해 제품을 팔고 싶다면 어떻게 하면 그것을 더 돋보이게 표현할 수 있을지 구도에 대해 고민해 보자. 구도는 좋은 사진의 기본이다.

사진, 빛으로 말하다

─────────── '사진은 빛을 활용한 예술이다'라는 표현을 누구나 한 번쯤 들어 봤을 것이다. 그만큼 사진을 찍을 때 가장 중요한 요소는 단연코 '빛'이다. 쉽게 사진을 사람으로 한번 표현해 보자.

소개팅을 하러 나갔는데 멀리서 상대방이 걸어오는 모습이 보인다. 좋은 구도는 사람으로 따지자면 좋은 비율을 뜻한다. 한눈에 보기에도 단정한 옷차림을 한 남자가 성큼성큼 걸어오는데 비율이 심상치 않다. 얼핏 봐도 8등신이다. 작은 얼굴에 상체보다 길게 쭉 뻗은 다리로 걸어오는데 걸음걸이도 안정적이다. 첫인상이 나쁘지 않다.

그런데 가까이 올수록 알 수 없는 기운이 느껴진다. 무언가 심상치 않다. 이 사람 뒤에서 후광이 비치기 시작한다. 게임은 끝났다. 후광이 보이는데 그 사람 얼굴에 난 뾰루지가 무엇이 중요하며 그 사람이 입은 옷이 보세인지 명품인지가 뭐가 중요하단 말인가! 여기서 사진의 빛이란 바로 이 후광 효과를 말하는 것이다. '빛'만 잘 활용해도 번거로운 보정 작업 따위는 필요 없고 값비싼 장비도 필요 없다. 사진을 잘 찍는 사람들은 결국 빛을 잘 활용하는 사람들이라고 할 수 있다.

순간의 장면을 표현하는 사진에서 '빛'이 주는 힘은 그 효과가 더 드라마틱하다. 그리고 사진 찍기에 좋은 '빛'을 활용하는 가장 효과적인 방법은 바로 자연광을 이용하는 것이다. 똑같은 장소에서 똑같은 사물을 찍더라도 자연광 아래서 찍은 사진과 형광등 아래서 찍은 사진은 전혀 다른 결과물을 보여 준다. 자연광을 이용하는 방법에는 여러 가지가 있지만 나는 누구나 쉽게 따라할 수 있는 3가지 방법을 공유하고자 한다.

첫 번째는 순광을 활용하는 것이다. 순광은 빛이 피사체의 정면을 고르게 비추는 것을 말한다. 사진을 찍는 사람 뒤에 해가 있는 경우이다. 노출값을 크게 신경쓰지 않아도 되며 초점도 잘 맞아 실패할 확률이 거의 없다. 단점은 빛이 전체적으로 퍼져 있기 때문에 피사체를 평면적이고 밋밋하게 만든다. 인물 사진의 경우 사람이 해를 정면으로 보기 때문에 해가 높이 떠 있는 시간은 피하는 게 좋다. 반면 색감이 있는 제품이나 음식 사진의 경우 순광을 활용하면 고유의 색을 잘 표현할 수 있다.

두 번째는 사광이다. 사광은 우리가 흔히 말하는 자연광 효과의 표본이라고 할 수 있다. 피사체 옆에서 빛이 들어오는 경우를 말한다.

인스타마켓으로 '돈많은언니'가 되었다

순광과 달리 빛이 비추는 부분과 그렇지 않은 부분이 있기 때문에 빛과 어둠이 동시에 공존한다. 때문에 사진에 입체감이 생긴다. 나 역시 사광을 활용한 사진 촬영을 주로 한다. 사광은 계절마다 조금씩 다르지만 아침 해가 뜬 후 오전 8~9시, 그리고 해지기 전인 4~5시에 비추는 빛으로, 그림자가 길게 드리워지는 특징이 있다. 강조하고자 하는 피사체의 부분을 빛이 비추는 곳에 두고 그림자가 있는 부분과 함께 촬영하면 사진에 명암이 생겨 훨씬 효과적으로 표현할 수 있다.

마지막으로 역광을 활용하는 것이다. 사진을 잘 모르는 사람일지라도 역광에서 사진을 찍으면 얼굴이 까맣게 나와서 안 좋다는 말은 한 번쯤 들어봤을 것이다. 역광은 일출이나 일몰 사진을 찍을 때처럼 카메라가 빛을 정면에서 보고 있을 때를 말한다. 즉 피사체 뒤로 빛이 있는 경우이다. 때문에 역광으로 사진을 찍으면 어두운 부분이 더 어둡게 나와 초보들이 사진 찍을 때 어려운 경우가 종종 있다. 하지만 역광의 가장 큰 특징은 빛을 잘 활용하면 피사체 주변으로 골든링(할레이션)을 만들어 피사체를 매력적으로 표현할 수 있다는 것이다. 핸드폰으로 사진을 찍는 경우 역광으로 인해 어두워지는 부분을 터치해 노출값을 조정하면 그 부분을 밝게 찍을 수 있기 때문에 잘만 활용하면 순광으로 찍었을 때보다 훨씬 개성있고 입체적인 사진을 만들 수 있다. 만약 역광 촬영으로 특정 부분이 어둡게 찍혔을 경우엔 VSCO 보정 어플을 통해 톤값을 조절하면 어두운 부분만 밝아지는 효과를 얻을 수 있다.

꽃다발 효과를 노려라

─────────── 아이돌 그룹을 보고 '꽃다발 효과'라는 표현을 쓴다. 꽃이 한 송이만 있을 때보다 여러 송이를 뭉쳐 놨을 때 더 매력이 커지는 것처럼 예쁘고 멋진 아이돌을 한 프레임에 모아 두면 시각적으로 더 멋있어 보이는 효과를 말한다.

인스타그램은 스마트스토어나 블로그 혹은 오픈 마켓과는 노출 구조가 다르다. 앞에 나열한 다른 채널들은 모두 키워드를 중심으로 노출이 된다. 즉 내가 필요로 하는 제품군이나 특정 상품을 검색했을 경우 제품이 노출되는 형태다. 내가 각 채널에 등록해 놓은 제품들이 한 번에 한 개씩 보여지는 구조인 셈이다.

그런데 인스타그램은 다르다. 누군가의 계정 아이디를 검색해서 들어가거나 해시태그를 타고 특정 계정에 들어가면 최소 사진 9개가 한눈에 들어오는 구조다. 즉 사진을 업로드 할 때 사진 한 장, 한 장의 퀄리티도 신경 써야 하지만 내가 쌓아 둔 사진들이 전체적인 조화를 이룰 수 있도록 꽃다발 효과를 노려야 한다. 때문에 인스타그램에서는 전체적인 사진의 톤 앤 매너를 찾는 것이 가장 중요하다. 구도와 빛을 잘 활용해서 사진에 대한 감은 잡았는데 정작 색감이 일관적이지 못하거나 사진을 각기 다른 식으로 표현하면 계정이 중구난방처럼 보일 수 있다.

꽃들도 꽃다발로 만들었을 때 더 예쁘게 보이는 조합이 있다. 잘 되는 인스타그램 계정을 분석하다 보면 저마다의 일정한 색감을 찾아볼 수 있다. 각기 다른 곳에서 찍은 사진이지만 이것이 하나의 분위기를 연출할 수 있도록 전체적인 색감을 맞추는 것이다. 그럼 콘텐츠의 주제가 조금 달라지더라도 전체적으로 유사한 분위기를 표현할 수 있다. 각자가 원하는 계정의 콘셉트에 따라 누군가는 온도값을 높여 따뜻한 감성의 사진을 표현하기도 하고 누군가는 필름 카메라 느낌을 활용해 빈티지한 감각을 표현하기도 한다.

사진에 대한 감각이 부족한 사람일수록 사진의 분위기를 동일하게 맞추는 작업이 필수다. 그런데 사진을 찍다 보면 시간대에 따라 빛의 양이 다르고 장소에 따라 태양광이나 사용하는 조명이 다르기 때문에 한 가지 톤을 동일하게 맞추는 작업이 쉽지 않다. 그래서 후보정 작업이 필수다.

사진을 올릴 때 피사체의 크기도 중요하다. 프레임 안에 피사체를 가득 채우는 사진들만 연달아 올라갈 경우 피드가 전체적으로 지저분해 보일 수 있고 보는 사람들도 부담스럽게 느껴진다. 오히려 사진을 찍는 감각이 없다면 여백의 미를 살리는 것이 결과물이 좋을 수 있다. 내가 추천하는 방법은 피사체의 크기에 강약 조절을 주는 것이다. 여백이 있는 사진과 피사체를 꽉 채운 사진을 순차적으로 배열하면 피드에 안정감을 주면서도 생동감이 느껴진다. 오히려 사진을 잘 찍는 사람일수록 여백을 잘 활용한다. 그러니 너무 사진에 힘을 주려고 애쓰지 말고 오히려 힘을 빼는 연습을 해 보도록 하자. 한 장의 사진에 담고자 하는 메시지가 너무 많아지면 보는 사람들도 부담스러워진다. 사진에 강약조절을 주려면 사진을 배열하는 순서도 중요하다. 그렇다고 인스타그램에 사진을 올렸다 지웠다 하면서 순서를 조정하는 것은 비효율적이다. 누군가는 비공계 계정을 하나 만들어서 거기에 사진을 미리 올려보며 전체적인 조화를 체크하기도 한다.

나는 '피드플래너'라는 어플을 추천한다. 피드플래너를 활용하면 사진을 인스타그램에 올리기 전에 어떻게 사진을 배치했을 때 더 조화롭게 보이는지를 미리 세팅해 볼 수 있다. 사진의 순서만 잘 정렬해도 훨씬 보기 좋고 깔끔한 피드를 완성할 수 있으니 꼭 활용해 보길 바란다.

브랜딩의 핵심은 한 개, 한 개의 콘텐츠가 모여 커다란 하나의 목소리를 만드는 것에 있다. 그러기 위해선 각각의 콘텐츠가 동일한 메시지를 전달해야 한다. 적어도 '도미솔', '레파라', '솔시레'처럼 각기 다른 음 같지만 함께 눌러도 잘 어우러지는 소리가 될 수 있도록 전체적인 조화를 생각해야 한다.

인스타마켓으로 '돈많은언니'가 되었다

인스타 감성의 사진 찍는 법

1. 렌즈부터 닦자.

2. 사진도 스승 채널이 필요하다.

3. 격자만 있으면 구도는 끝

4. 다양한 구도에 도전해 보며 피사체에 대한 표현력 기르기

5. 제품에 따라 빛을 다르게 활용하기

6. 꽃다발 효과 : 내 피드의 톤 앤 매너 맞추기

VSCO로
나만의 톤 앤 매너 찾기

나는 사진을 찍을 때 두 개의 카메라를 쓴다. 하나는 5년 된 캐논 100D카메라, 다른 하나는 갤럭시 핸드폰 카메라다.

핸드폰 카메라로 사진을 찍을 땐 카메라 어플을 활용하기 보다는 기본 카메라로 사진을 찍고 보정 전문 프로그램인 VSCO로 후보정을 해서 피드의 전체적인 톤을 맞춘다. VSCO의 장점은 조절값을 아주 미세하게 설정할 수 있고 원본 사진의 화소가 작업 후에도 깨지지 않는다. 또한 유료 기능을 활용하면 동영상 보정까지 가능하기 때문에 사진과 동영상의 톤을 동일하게 가져갈 수 있는 최대 장점이 있다.

나 역시 인스타그램을 운영하며 가장 어려웠던 점이 나만의 보정법을 찾는 것이었다. 보정법은 특정 피드의 콘셉트나 전반적인 분위기를 표현하는 가장 중요한 요소이기 때문에 이것을 공개하는 사람들이 거의 없었다. 잘 찾은 보정법 하나가 내 계정의 필승 비법이 될 정도로 후보정 작업은 필수다.

　이 책을 통해 내가 사용하고 있는 보정법과 VSCO 사용법을 공개한다. 보정법에는 정답이 존재하지 않고 좋고 나쁨의 기준이 없다. 그저 나만의 색을 찾는 작업이라고 생각하면 된다. 같은 핑크색이라도 누군가는 베이비핑크를 예쁘다고 생각하는 반면 누군가는 핫핑크를 예쁘다고 생각할 수 있다. 보정 역시 마찬가지다. 개인적 취향에 맞는 보정법을 찾되 내 콘텐츠가 돋보이는 적정값을 찾아보길 바란다.

VSCO 보정법 실전

1. 사진 혹은 동영상을 불러온다.

2. VSCO 스튜디오로 가져온 사진을 클릭하고 조절기 버튼을 누른다.

3. 보정의 순서는 필터를 먼저 씌우고 세부값을 조절해야 한다. 사람으로 따지자면 필터는 기초 화장과 같다. 스킨케어를 깨끗이 하며 피부를 정돈하는 과정이라고 생각하면 된다. 내게 맞는 필터를 찾으면 그 후에 세부값을 조절하는데, 이 작업은 메이크업을 하는 것에 비유할 수 있다.

　VSCO는 무료로 제공되는 필터와 유료 결제 시 제공되는 필터의 수에 확연히 차이가 있다. 먼저 무료 지원 필터 중 마음에 드는 것이 있는지 둘러보고 없다면 유료 기능을 이용하는 것도 좋다. VSCO는 유료로 지원되는 기능 중 유용한 것들이 많아 나는 유료 결제를 추천하곤 한다. 한 달에 2,000원 꼴로 사용할 수 있으니 커피 반 잔 값으로 내 계정의 퀄리티를 높여 보자.

미리보기로 지원되는 필터값은 최대값인 12로 기본 세팅이 되어 있다. 필터를 적용 후 해당 필터를 한 번 더 클릭하면 조절기 버튼이 생겨 필터의 값을 취향에 맞게 조절할 수 있다. 0으로 가면 원본 사진이고 12로 갈수록 필터값이 진해진다. 필터값 조절을 통해 내 계정에 맞는 새로운 느낌을 찾을 수도 있으니 미리 보이는 필터값에만 의존하지 말고 한 번씩 조절값을 다시 체크해 보길 바란다. 내가 자주 사용하는 필터는 SS2, S1, L2, L3, G7 등이다. 내 계정에 맞는 필터를 선택했다면 이젠 조절 버튼을 눌러 세부적인 값들을 한 번 더 체크해 보자.

♥ 같은 사진도 필터에 따라 느낌이 달라진다.
SS2(왼쪽 위), S1(오른쪽 위), L1(왼쪽 아래)

인스타마켓으로 '돈많은언니'가 되었다

내 계정에 맞는 필터값이 결정되었다면 이제는 세부적인 기능들을 활용해 사진의 퀄리티를 더 높여 보자.

> ☀ **노출** : 빛의 양을 조절하는 기능이다. 오른쪽으로 갈수록 사진이 밝아지고 왼쪽으로 갈수록 어두워진다.

제품을 판매하는 계정은 사진의 톤이 어두운 것보단 밝고 화사한 느낌을 내는 것이 좋다. 때문에 노출값 조정을 통해 사진의 톤을 밝혀 보자. 노출이 너무 심하게 들어가면 원색감이 날라가는 경우가 있으니 과하게 노출값을 높이지 않는다.

♥ 노출이 적어 어두운 사진(왼쪽)과 노출을 늘려 밝게 조정한 사진(오른쪽)

> ◑ **명암 대비** : 사진의 밝고 어두운 부분을 명암이라고 하며, 명암의 차이를 명암 대비라고 한다.

흑백처럼 명암의 차이가 크면 고대비, 회색처럼 명암 차이가 거의 나지 않으면 저대비라고 한다. 고대비의 경우 사진의 색감에 변화가 생기며 대비가 커짐으로 사진이 강하게 표현된다. 인스타 감성의 사진들은 대부분 저대비를 통해 전체적으로 부드러운 느낌을 주는 경우가 많다. 나 역시 보정 작업을 할 때 항상 대비값을 살짝 낮춰 사진이 너무 강한 느낌을 주지 않도록 톤을 낮춘다. 명암 대비값이 너무 낮아지면 피사체가 흐릿하게 보일 수 있으니 역시 적정값을 찾는 것이 중요하다.

♥ 명암 대비 낮은 사진(왼쪽)과 명암 대비 높은 사진(오른쪽)

🔲 조정 : VSCO 기능 중 가장 유용한 기능이다.

조정 버튼을 통해 우리는 구도를 보정할 수 있다. 앞서 격자 설정을 통해 수평 수직에 신경 써서 사진을 찍었다고 하더라도 완벽하게 수평 수직을 맞추기란 힘들다. 조정 버튼을 활용하면 후보정을 통해 사진의 기울기를 안정감 있게 바로 잡을 수 있다. 또한 조정 기능을 통해 사진을 원하는 비율로 크롭하거나 불필요한 부분을 잘라낼 수도 있다.

　인스타그램은 기본적으로 1:1 정방형 사진을 지원하는데 가로 비율이 더 긴 사진의 경우 1:1로 잘라서 업로드할 수도 있다. 1:1로 크롭하더라도 내가 강조하고자 하는 피사체에 영향을 주지 않는다면 사진의 비율을 조절하는 것도 좋은 방법이다.

　또한 불필요한 부분을 잘라내는 것 역시 죽은 사진을 살리는 방법이 된다. 나 역시 종종 사용하는 방법인데 주변에 지저분한 환경들을 잘라내거나 풀 샷으로 찍힌 사진 중 일부를 크롭해 강조하고자 하는 부분을 더욱 돋보이게 하는 방법을 사용하기도 한다.

　　▲ **선명도** : VSCO에는 두 가지 선명도 보정 기능이 존재한다.

　먼저 반으로 쪼개진 삼각형 모양의 선명도는 피사체의 외곽 부분과 선을 지나치게 강조시켜 앞서 설정한 모든 보정값을 다 무너뜨리는 효과가 있다. 때문에 나는 이 선명도 버튼은 사용하지 않기를 권한다. 반면 삼각형 모양의 선명도를 잘 활용하면 내가 전달하고자 하는 텍스처를 효과적으로 전달할 수 있다. 우리가 앞에서 노출값을 조절하고 명암 대비를 낮춰 놓으면 사진의 전체적인 질감 자체가 뭉뚱그려지는 현상이 생긴다. 인물 사진의 경우 크게 문제가 되지 않지만 제품 사진은 다르다. 제품마다 고유의 텍스처가 강조되어야 하는 경우가 있는데 삼각형 모양의 선명도를 활용하면 이 부분에 대한 보정이 가능하다. 피사체가 가지고 있는 고유의 질감은 강조하면서도 앞서 설정한 보정값을 깨뜨리진 않는다. 아래 사진을 비교해 보면 선명도 향상을 통한 질감의 차이를 한눈에 확인할 수 있을 것이다.

♥ 쪼개진 삼각형 모양을 활용해 선명도를 조정한 사진(왼쪽)보다 일반 삼각형 모양을 활용해 선명도를 조정한 사진(오른쪽)이 보정값을 망가뜨리지 않으면서 원단의 질감을 살려 준다.

🌑 채도 : 채도는 밝고 어두움을 제외한 색의 분포도를 말한다.

채도를 높이면 사진의 전체 색감이 진해지고 채도를 낮추면 색이 빠지면서 흑백사진이 된다. 필터 적용 후 앞에서 설정한 노출, 대비값의 조절로 사진의 원래 색감이 많이 사라졌다면 채도값을 살짝 높여 생기를 넣어줄 수 있다. 하지만 채도값이 너무 진해지면 앞서 설정한 사진의 톤이 다시 망가지게 되므로 역시 적정값을 설정해야 한다.

♥ 낮은 채도 사진(왼쪽)과 높은 채도 사진(오른쪽)

역광 사진을 보정할 때도 유용하게 쓰이며 대비값으로 아쉬운 부분을 미세하게 한 번 더 조정할 수 있다.

♥ 하이라이트 효과(밝은 부분이 어두워진 왼쪽 사진), 쉐도우 효과(어두운 부분이 밝아진 오른쪽 사진)

사진이 따뜻한 느낌인지 차가운 느낌인지를 결정짓는 부분이다. 인스타그램에서는 하얀색 빛이 강하게 나타나는 차가운 느낌의 사진보단 살짝 노란색이 들어간 따뜻한 사진을 주로 선호한다. 제품 사진의 경우도 따뜻한 감성이 더해지면 이미지가 조금 더 고급스럽게 표현된다. 백색이 너무 강조되면 계정의 전체적인 톤이 차가워져 팔로워들에게 거부감이 생길 수도 있다. 반면 온도값을 과하게 높일 경우 제품의 원래 색감을 표현하는 데 한계가 있으니 사진에 약간의 온기가 표현될 정도의 온도값을 설정하길 추천한다.

♥ 차가운 온도값을 설정했을 때(왼쪽)와 따뜻한 온도값을 설정했을 때(오른쪽)

◉ HSL : VSCO의 유료 기능 중 가장 핵심적인 역할을 한다.

HSL은 Hue(색조) / Saturation(채도) / Luminance(휘도)의 약자이다. HSL 아이콘을 누르면 하단에 빨, 주, 노, 초, 파, 보의 원형 색상 차트가 뜬다. 위에서 본 채도 조절이 사진의 전체적인 색감에 영향을 준다면 HSL 기능을 통해서는 사진 속 특정 색상을 추출해 해당 색의 HSL을 각기 조절할 수 있다. 특히 가운데 S값을 조절하면 특정 색상의 채도 값을 설정할 수 있어 강조하고 싶은 부분에 집중할 수 있다.

예를 들어 야외에서 인물 사진을 찍었는데 색감이 강한 표지판이 배경에 잡혀 시선을 강탈하는 경우가 있다. 이때 해당 표지판에 포함된 색의 채도를 낮춰 시선을 자연스럽게 인물 쪽으로 끌고 올 수 있다. 반면 강조하고 싶은 색감이 제대로 표현되지 않았을 경우 해당 색을 추출해 채도나 밝기를 높여 포인트를 줄 수도 있다. 유용하게 쓰이는 기능 중 하나이나 유료 결제 시 사용 가능하니 참고 바란다.

♥ HSL 기능을 활용, 빨간색만 추출해 색을 높였을 때(왼쪽)와 낮췄을 때(오른쪽)

여기까지 VSCO 기능에 대한 학습이 끝났다면 이제 각 필터와 기능을 활용해 나만의 보정법을 찾는 연습을 시작해 보자.

보정값은 내 계정의 성격을 좌우하는 핵심적인 부분이기 때문에 단시간에 빨리 찾으려 하기보단 시간이 걸리더라도 천천히 하나하나 설정해 보면서 본인과 어울리는 톤을 제대로 만들어야 한다. 그렇게 해서 보정값을 하나 설정해 두면 동일한 시간 동일한 장소에서 찍은 사진의 경우엔 하나하나 보정을 다시 해야 하는 번거로운 작업 없이 한꺼번에 보정을 할 수 있는 기능도 있다.

보정을 끝낸 사진을 VSCO 스튜디오에서 한 번 클릭하면 화면 오른쪽 하단에 점 세 개짜리 아이콘이 보일 것이다. 이것을 클릭하면 '편집 복사하기'라는 기능이 있다. 편집 복사를 눌러 두고 다시 스튜디오로 돌아가 동일한 사진 보정을 원하는 사진을 다시 불러온다. 그런 후에 개수와 상관없이 보정이 필요한 사진들을 모두 클릭한다. 그리고 나서 화면 하단에 있는 점 세 개짜리 아이콘을 다시 눌러 주면 이번엔 편집 붙여넣기가 생길 것이다. 해당 기능을 클릭하면 내가 복사한 보정값이 모든 사진에 일괄적으로 적용되어 보정 시간을 빠르게 단축할 수 있다.

문제는 제대로 된 보정값 하나를 만들어 두었다고 해서 이것이 만능키가 되는 것은 아니다. 왜냐하면 우리가 찍는 사진은 시간대와 장소에 따라 기본적인 세팅값이나 온도차가 다르기 때문에 같은 보정값을 넣어도 결과가 다르게 보일 수 있기 때문이다. 그래서 보정값은 세팅해 둔 수치 하나하나에 신경 쓰기 보다는 전체적인 색감과 분위기를 참고하는 가이드라인 정도로 생각해 두면 좋다. 각 사진별 동일한 필터를 적용하되 사진의 원본 상태에 따라 노출, 대비, 채도, 화이트밸런스와 같은 보정값을 조금씩 다르게 설정하면서 전체적인 톤의 분위기를 맞춰간다고 생각하면 된다.

　　VSCO 유료 기능을 활용하면 동영상 보정도 가능하다. 위에 안내한 사진 보정 기능과 동일하게 동영상에 적용이 가능하니 사진과 동일한 느낌의 동영상을 업로드할 수 있다. 또한 위에 안내한 보정 복사하기를 동영상에도 붙여넣기할 수 있다. 동영상 자르기와 같은 간단한 편집도 가능하니 동영상을 활용해 콘텐츠를 매력적으로 표현하는 방법도 고민해 보자.

VSCO 정리

- **노출(☀)** : 빛의 양을 조절하는 기능이다. 오른쪽으로 갈수록 사진이 밝아지고 왼쪽으로 갈수록 어두워진다.

- **명암 대비(◐)** : 사진의 밝고 어두운 부분을 명암이라고 하며, 명암의 차이를 명암 대비라고 한다.

- **조정(▥)** : VSCO 기능 중 가장 유용한 기능이다.

- **선명도(△)** : VSCO에는 두 가지 선명도 보정 기능이 존재한다.

• **채도(⬤)** : 채도는 밝고 어두움을 제외한 색의 분포도를 말한다.

• **하이라이트 / 쉐도우(⬤)** : 노출이 부족한 부분은 밝혀주고 너무 밝은 부

분은 어둡게 조절해 주는 역할을 한다.

• **화이트밸런스(⬤)** : 사진의 톤 앤 매너를 결정짓는 가장 핵심적인 부분

은 바로 온도다.

• **HSL(⬤)** : VSCO의 유료 기능 중 가장 핵심적인 역할을 한다.

언니만의
상품 소싱법

어떤 제품을 팔 것인가?!

———————— 인스타그램을 통해 제품을 판매하기 위한 초기 세팅이 어느 정도 마무리되면 이제부턴 본격적으로 어떤 제품을 팔 것인가에 대한 고민을 시작할 것이다. 100만 경제 유튜버로 유명한 신사임당의 유튜브 강의를 본 사람이라면 네이버 데이터랩을 활용해 검색량 대비 공급처가 적은 제품을 찾는 방법은 익히 알고 있을 것이다.

그러나 스마트스토어와 쿠팡으로 대표되는 오픈 마켓의 상품 소싱과 소통을 기반으로 하는 인스타마켓의 상품 소싱에는 확연한 차이가 있다. 나는 나와 전혀 관련이 없는 카테고리의 제품을 데이터량에 의존해 판매하기 보다는 내 생활과 밀접하게 연관된 제품을 판매 제품으로 설정하길 추천한다.

데이터를 분석해 수요 공급의 차이를 따져가며 아이템을 찾는 것이 당장의 수익 창출에는 큰 도움이 될 수 있으나 그만큼 외부 환경의 요인을 많이 받을 수 밖에 없다. 만약 동일한 데이터를 활용해 그 제품을 판매하는 사람들이 많아지면 더 이상 매출은 보장되지 않으며 제품의 경쟁력 또한 잃어버리게 된다. 키워드 유입을 통해 물건을 판매하는 오픈 마켓과 달리 인스타그램은 브랜딩을 통해 트래픽을 내 계정에 가둬 두고 물건을 판매할 수 있는 조금 더 안정적인 구조의 시장이다.

다시 말하자면 스마트스토어나 오픈 마켓은 오프라인 상점과 마찬가지로 소비자들이 먼저 찾아오기를 기다려야 한다. 내가 판매하는 제품을 진열해 두면 그 제품을 필요로 하는 사람들이 검색 과정을 거쳐 내 제품이 선택되어야만 판매가 이루어진다. 그 과정에서 나와 동일한 제품을 파는 다른 판매자들이 쉽게 노출되기도 하고 소비자들은 가격을 통한 제품 정렬을 통해 손쉽게 최저가를 찾을 수도 있다. 좋은 제품을 선택했다 하더라도 제품 자체의 독창성이 없으면 내가 판매하는 제품이 구매로 전환되기까지 장애물들이 너무 많다.

반면 인스타그램은 내 계정에 나와 취향이 비슷한 사람들을 먼저 모아 두고 시작하는 것이다. 판매 시점마다 새로운 외부 트래픽을 끌어와야 하는 기타 플랫폼과 달리 사람들이 모여 있는 광장 안에서 내가 파는 제품을 소개하는 방식인 것이다. 때문에 브랜딩을 위한 장기적인 전략을 세운다면 나와 연관성이 있는 카테고리의 제품을 꾸준히 소개하면서 특정 분야에 특화된 몰을 만드는 것이 좋다. 키워드 중심의 아이템을 찾아가다 보면 이것저것 판매하는 만물상으로 전락하면서 계정의 정체성을 잃어버리기 쉽다.

　판매자의 라이프 스타일과 밀접한 카테고리의 제품을 판매 아이템으로 설정하면 제품을 선택하는 시야도 훨씬 넓어진다. 예를 들어 나는 자동차 용품에는 전혀 관심이 없다. 그런데 만약 내가 자동차 용품을 판매 아이템으로 설정했다면 소비자의 구매 포인트를 설정하는 것부터가 일이 된다. 어떤 자동차 용품이 좋은 제품의 기준인지, 동일한 제품군에 있는 상품들 중에서도 소비자들이 선호하는 포인트가 무엇지를 파악하기 어렵다.

　나는 아이를 키우는 엄마이기 때문에 엄마들이 어떤 시기에 어떤 제품을 필요로 하는지 훨씬 잘 이해할 수 있다. 그리고 엄마들이 아이 제품을 고를 때 우선순위를 어디에 두는지도 파악할 수 있다. 동일한 제품군에 있는 상품들 중에서 어떤 제품이 더 '가성비'가 좋은지 '가심비'가 좋은지도 판단할 수 있다.

　나의 핵심적인 소싱 기준은 다음과 같다. '나는 지금 어떤 제품이 필요한가?' 시즌별로, 상황별로, 주기별로 내가 필요로 하는 제품이 무엇인지를 돌아보는 것 자체가 좋은 상품을 고르는 핵심적인 기준이 된다. **결국 내가 필요로 하는 제품! 그리고 내가 돈을 주고 살 만한 제품을 선택했을 때 소비자들을 설득할 힘이 생기고 구매 전환율도 높아진다.** 내가 블로그를 운영하며 유입이 늘었던 시점은 결혼 준비를 할 때였다. 결혼 준비에 필요한 내용들을 하나하나 공유했더니 나와 비슷한 상황에 있는 사람들의 블로그 방문율이 늘어났고 이웃들도 많아졌다.

인스타그램으로 플랫폼을 이동했을 당시 나는 임신부였다. 때문에 임신부의 입장에서 전달할 수 있는 정보들과 신생아 엄마가 소통할 수 있는 이야깃거리들을 나누며 팔로워를 늘렸다. 이렇게 나와 비슷한 환경에 있는 사람들을 팔로워로 보유하고 있으면 아이가 자라는 시점에 따라 혹은 인생 주기에 따라 필요한 제품을 함께 공유할 수 있다. 이것이 가장 핵심적인 인스타마켓 운영 전략인 셈이다.

판매자의 관심도와 연관성이 높은 제품은 소비자들에게 제품을 설득시키는 과정도 훨씬 간단해진다. 이미 비슷한 종류의 제품을 이전에 몇 개쯤은 사용해 본 경험이 있기 때문에 내가 왜 이 제품을 판매 아이템으로 설정했는지를 명확하게 전달할 수 있다.

내 딸은 아토피가 있어 정말 많은 종류의 로션을 사용해 봤다. 때문에 어떤 로션의 보습력이 더 좋은지 어떤 성분이 아토피에 좋은지 자연스럽게 습득할 수 있었다. 직접 사용해 보고 정말 좋은 제품이 있으면 그 제품을 판매 아이템으로 연결하는 것이 자연스러워진다. 이미 사용해 본 경험이 있으니 타 제품들과의 차이점이 무엇인지도 자세히 설명할 수 있다.

나는 인스타그램 계정에 나와 비슷한 라이프 스타일을 가진 사람들을 타겟팅해 모아 두었다. 대부분 나와 비슷한 나이대의 자녀를 뒀거나 결혼, 출산 시기가 비슷한 사람들이 대부분이다. 때문에 나는 아이를 키우면서 아이의 연령대에 맞는 제품들을 판매 상품으로 선정한다. 아이가 걸음마를 시작하는 시기에는 무릎 보호대를, 대근육 발달이 필요한 시기에는 관련 교구를, 학습이 필요한 시기에는 도서나 학습에 필요한 제품들을 소개한다. 엄마의 입장에서 내 아이에게 필요한 제품들을 시의적절하게 소개하니 팔로워들의 수요를 충족시킬 수 있는 것이다. 내가 필요한 제품을 소개하기에 팔로워들의 공감을 얻기도 쉽고 나 역시 장사꾼보다는 엄마의 입장에서 소비자들의 구매욕을 자극할 수 있다.

팔릴만한 제품을 가져다 소개하는 것은 누구나 할 수 있다. 하지만 판매자의 진성성이 느껴지는 제품을 소개했을 때 오히려 구매 전환율은 더 높아진다. 소싱의 기준은 '나'로부터 시작해야 한다. 나는 어떤 제품을 필요로 하는지, 나는 제품을 구매할 때 어떤 기준으로 결정하는지, 나라면 이것을 이 가격에 구매할 것인지! **나를 먼저 설득할 수 없다면 소비자들을 설득하기란 더욱 불가능하다.** 어떤 제품을 팔 것인지에 대한 답은 내가 어떤 제품을 구매할 것인가에 대한 고민을 먼저 시작해 보면 명확해진다.

♥ 턱받이(위), 무릎 보호대(아래)

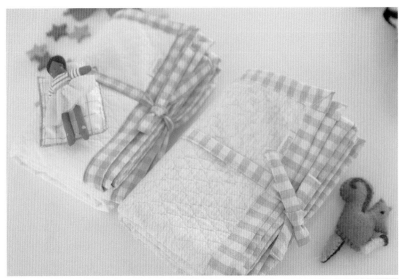

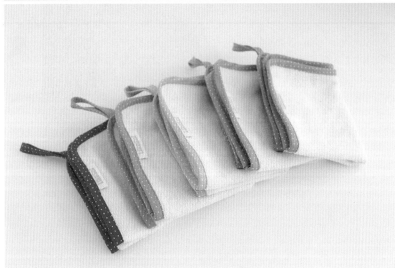

♥ 방수 패드(위), 어린이집 손수건(아래)

인스타마켓으로 '돈많은언니'가 되었다

♥ 전자 피아노(위), 원형 러그(아래)

♥ 발도르프 교구

인스타마켓으로 '돈많은언니'가 되었다

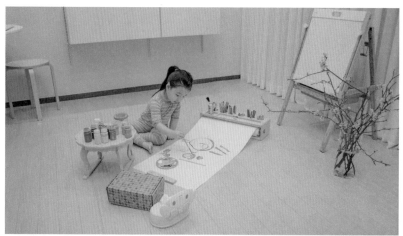

♥ 유아 미술용품

♥ 코딩 교구

딸이 커가는 시기에 필요한 물건들을 자연스럽게 판매하면서 라이크쏠 고객들의 니즈를 충족시켜 주었다.

턱받이, 무릎 보호대, 가제 수건, 방수 패드, 장난감 피아노, 영어 교구, 발도르프 교구, 코딩 교구 등

도매꾹의 함정

네이버에 '도매사이트 모음'이라고만 검색해도 다양한 카테고리의 도매사이트를 쉽게 찾아볼 수 있다. 처음 판매를 시작하는 초보 사장님들은 이 검색 사이트만 봐도 앞으로 일이 술술 풀릴 것 같은 착각에 빠진다. 수천 수만 개의 제품들을 앉은 자리에서 확인할 수 있고 그중 내가 원하는 제품을 도매가격으로 공급받을 수 있다는 사실에 신이 난다. 일에 추진력이 생긴 듯한 기분이 든다.

가장 대표적인 사이트가 도매꾹, 도매매 등이다. 만약 이미 사업자등록증이 있는 분이라면 도매꾹에 가입해 제품별 공급가를 확인해 보자. 그리고 네이버에 동일한 제품을 검색해 보면 판매가를 쉽게 확인해 볼 수 있다. 제품당 몇 %의 마진을 확보할 수 있는지 계산이 끝났다면 더 이상 도매꾹이 매력적인 공급처가 아니라는 사실을 깨닫게 될 것이다. 공급가와 판매가가 몇백 원밖에 차이가 안 나는 제품들도 수두룩하다. 플랫폼 수수료나 카드결제 수수료를 감안하면 오히려 판매를 할수록 마이너스가 되는 상황이 된다.

왜 이런일이 생기는 걸까? 도매꾹에 제품을 공급하는 업체는 크게 두 부류로 나뉜다. 첫 번째는 그 제품을 직접 제작하거나 수입하는 본사에서 제품을 등록하는 경우, 두 번째는 중간 도매상들이 제품을 등록하는 경우다. 그런데 초보 사장님들은 판매되는 제품만 확인하기 때문에 공급자가 1차 공급자인지 2차 공급자인지 제대로 구별을 못한다. 본사로부터 직접 공급이 되는 경우 어느 정도의 마진율을 보장 받을 수 있지만 중간 도매상이 끼면 말이 달라진다.

만약 A라는 제품의 본사 공급 가격이 1,000원이라고 하자. 이 제품은 본사에서 도매 공급을 하기도 하고 본사에서 직접 소비자들에게 판매하기도 한다. 중간 도매상이 이 제품을 가져다 도매꾹에 1,500원에 올려 둔다. A제품이 마음에 들어 도매꾹에서 1,500원에 구입해서 대략 30%의 마진을 계산해 2,000원에 올려 두었다. A라는 제품을 한 개 팔 때마다 500원이 남는 셈이다.

그런데 본사에서 이 제품을 자사몰에 1,600원에 올려서 판매한다고 하자. 공급자가 직접 판매까지 진행하기 때문에 소매상인 나와 비교해 판매가부터 우위를 지닌다. 게다가 본사 공급가가 1,000원이라는 것은 원가는 더 저렴하다는 것이다. 아마 마진율이 2배가 넘을지도 모른다. 그런데 도매꾹이나 도매매라는 사이트를 이용하다 보면 이런 일이 비일비재하게 벌어진다.

때문에 도매사이트는 시장조사 차원에서만 둘러보길 추천한다. 어떤 제품들을 내가 공급받을 수 있는지 카테고리별로 둘러보고 만약 그중 마음에 드는 제품이 있다면 도매사이트가 아닌 본사와 직접 컨택해 물건을 공급받는 것이 가격 경쟁에서 살아남을 수 있는 방법이다.

도매사이트에서 물건을 고른다는 것은 누구든지 쉽게 해당 제품을 판매할 수 있다는 말이다. 누구나 쉽게 구할 수 있는 제품을 판매하려면 결국 최저가 정책만이 답이 된다. 내가 판매하는 제품의 판매력이 가격으로 좌지우지되는 상황이라면 더 이상 그 제품은 매력적인 상품이 아니라는 말이다. 어느 정도의 마진 구조가 보장이 되어야 판매가 재밌어진다. 어떤 일을 하든 성과가 있어야 추진력이 생기기 마련인데 일은 일대로 하고 돈이 벌리지 않으면 결국 일을 해야 할 의미를 잃어버리게 된다.

남들이 파는 제품, 쉽게 구할 수 있는 제품, 가격 경쟁력이 없는 제품에서 탈피해야 안정적인 수익 구조를 만들 수 있다. 그런데 도매꾹, 도매매와 같은 B2B 사이트는 위 세 가지 조건에 부합하는 제품들이 대다수이다. 사람도 대체 불가한 인력이 되면 내 몸값도 올라가고 여기저기서 나를 찾는 곳이 많아진다. 온라인 몰도 마찬가지다. 내가 판매하는 제품을 다른 곳에서 더 저렴하게 구할 수 있다면 더 이상 내 상점의 존재 가치는 없어진다. 대체 불가능한 상점을 구축해 가는 것은 결국 어떤 제품을 소싱하는가에 달려 있다.

인스타그램을 운영하며 팔로워가 많아지면 여러 업체들로부터 공구 제안이 많이 온다. 이 역시 마찬가지다. 나에게 공구 제안이 왔다는 것은 이미 수많은 다른 셀러들에게 해당 제품의 제안서를 보냈다는 것이다. 누군가 제공해 주는 아이템 안에서 판매 제품을 찾는 사람과 스스로 판매 가치가 있는 경쟁력 있는 제품을 찾는 사람 중 어떤 몰이 더 소비자들에게 효용 가치가 있는지 생각해 보자.

나 역시 수많은 업체들로부터 공구 제안서를 받는다. 유튜브 '돈 많은언니'의 채널이 커질수록 종류를 불문하고 다양한 업체에서 제품 소개서를 보내온다. 하지만 나는 단 한 번도 제안 받은 제품을 판매해 본 경험이 없다. 우선 내가 필요로 하지 않는 제품은 상품 가치를 못 느낀다. 단순히 이 제품을 팔아서 얼마를 벌 수 있는가를 판단하기 보다는 이 제품이 나에게 현재 필요한 제품인가를 기준으로 상품 가치를 매긴다. 거기에 이 제품을 이미 수많은 셀러들이 판매하고 있다면 아무리 잘 팔리는 상품군의 제품이라 하더라도 절대 진행하지 않는다. 결국 내 상점의 값어치는 이런 사소한 부분에서 정해지는 것이다. **상품 소싱에 있어서는 무조건 판매자가 주도권을 가져야 한다.**

중도매 활용법

위에서 도매업체는 1차 공급자와 2차 공급자로 나뉜다고 설명했다. 이 장에서는 2차 공급자인 중도매를 활용하는 방법에 대해 나눠보려고 한다.

처음 장사를 시작할 때 판매자들이 가장 많은 부담을 느끼는 것이 본사에 직접 제품 공급에 대한 문의를 하는 것이다. 아직 판매력이 얼마나 될지 스스로도 보장할 수 없기 때문에 MOQ(최소 공급 수량)에 대한 부담감에 주저하게 된다. 게다가 해당 제품을 판매할 것인지에 대한 확신이 서지 않은 단계에서 샘플 요청을 하는 것은 더 부담일 것이다. 그럴 땐 제품의 2차 공급자인 중도매 업체가 있는지 찾아보는 것이 좋다.

중도매를 활용하면 원 도매가보다는 비싸지만 소비자가 보다는 저렴한 가격에 샘플 구입을 진행할 수 있고 최소 구매 수량이 존재하는 1차 공급 업체와는 달리 낱개로도 구매가 가능하다는 장점이 있다. 본격적인 제품 판매에 앞서 소비자 반응도나 시장성을 확인하고 싶다면 초기 자본을 적게 가져갈 수 있는 중도매를 활용하는 것이 합리적이다.

내가 처음 쇼룸을 열었을 때는 중도매라는 개념을 잘 몰랐다. 무조건 2장 이상만 되어도 도매 공급을 해주는 성인복과 달리 아동복은 한 고미(XS부터 L까지 다섯 사이즈를 1세트로 묶어 놓은 것)단위로 제품을 구매해야 도매 거래가 가능했다. 티 한 장, 바지 한 개를 사도 꼭 다섯 장 씩을 구매해야 하니 초기 사입비에 대한 부담이 너무 컸다. 그렇게 가져온 제품 중 잘 팔리지 않는 사이즈는 재고로 안고 가야하는 부담감도 있었다.

그런데 아동복 중도매사이트를 활용하면 원하는 제품, 원하는 사이즈, 원하는 색상만 골라서 구매할 수 있다. 게다가 의류 중도매의 경우는 다른 카테고리 제품에 비해 중간 마진율이 현저히 적어서 원도매가와 큰 차이가 없다. 심지어 원도매가와 동일한 가격으로 공급하는 중간업자들도 있다. 물론 오프라인 매장은 재고를 어느 정도 보유하고 있어야 하지만 온라인 몰만을 운영하는 판매자들은 샘플 사업으로 물건을 먼저 소개하고 주문을 받은 후 거래처에 제품을 요청하는 방식으로 재고 부담을 확 줄일 수 있다.

나도 현재는 이러한 방식으로 아동복을 판매한다. 공구 기간을 설정해 3일 정도 주문을 받고 주문이 마감되면 전체 주문량만큼 거래처에 요청한다. 만약 미켓 초기 단계라 판매량이 얼마 안된다면 다시 중도매를 통해 제품을 구입하면 되고 주문량이 많다면 원도매처에 연락해 제품을 받아 마진율을 높이면 된다.

의류 도매 플랫폼으로 유명한 '신상마켓'과 '링크샵스' 안에도 1차 공급자와 2차 공급자가 함께 있다. 공급 주체가 누구냐에 따라 최소 구매 수량이 달라질 수 있으니 이 부분도 꼼꼼히 살펴보면 사입 비용을 줄일 수 있다.

지금은 1차 공급자를 통해 사입 제품을 거래하지만 나도 지금처럼 판매 수량이 많지 않을 땐 종종 중도매를 활용하곤 했다. 나는 도매힐즈라는 네이버 카페를 주로 이용했는데 카테고리에 구분없이 다양한 제품을 중도매 업자들과 거래할 수 있었다. 괜찮은 아이템임에도 중간 마진율을 적게 붙여 판매하는 업체들도 있어 종종 재미를 보기도 했다. 주의해야 할 점은 공급가와 네이버 최저가에 큰 차이가 없는 제품들도 있으니 도매 가격을 너무 믿어서는 안된다.

나는 초기 사업 자금을 크게 투자하거나 재고를 쌓아 두고 판매하는 것에 반대한다. 초기에 너무 많은 비용이 들어가거나 팔아야 할 재고가 많으면 결국 판매자의 발목을 잡는다. 당장 회수해야 할 돈과 해결해야 할 재고 때문에 큰 산을 보지 못하고 당장의 수익에 급급해진다. **처음엔 한두 개를 팔더라도 장사가 재미있어야지 부담의 대상이 되어서는 안된다.** 내가 경험해 보니 돈을 버는 것이 쉬운 일이 아니다. 그런데 재미까지 없으면 사업을 유지할 힘을 잃는다. 반면 아무리 힘들어도 재미있으면 다시 일어설 힘을 얻기도 한다. 중도매를 잘 활용하면 초기 사업 자금과 재고 부담없이 일을 가볍게 시작해 볼 수 있다는 장점이 있다.

나 역시 무자본으로 일을 시작했다. 100만 경제 유튜버 신사임당은 다음과 같은 말을 했다. "내가 여유 자금 4,000만 원이 있다면 4,000만 원을 전부 쏟아 부어 사업을 시작할 것이 아니라 100만 원짜리 사업 40개를 시도해 확률 싸움으로 승부를 보라." 나 역시 동의한다. 나는 사실 돈 100만 원의 여유 자금도 없이 사업을 시작했다.

그런데 그렇게 시작해야 일에 대한 부담감이 없다. 실패해도 손해 보지 않는 선에서 사업을 시작할 수 있다면 누구도 주저할 이유가 없다. 초반에 내가 가진 전부를 쏟아 부어 달리기를 시작하면 금방 지칠 수밖에 없다. 또한 투입한 자금이 모두 소진되는 시점이 오면 힘을 잃는다. "네 시작은 미약하나 그 끝은 창대하리라." 라는 성경구절을 누구나 들어봤을 것이다. 인스타마켓 안에서는 최소 자본으로 성공한 사례가 수도 없이 많다. 나 역시 그들 중 한 명이다. 그러니 전략적으로 나만의 사업을 시작해 보자. 중도매만 잘 활용해도 초기 사입비를 효율적으로 절감할 수 있다.

찾으라,
그러면 열릴 것이다

앞서 나는 인스타그램 계정을 두 개로 나눠서 운영하고 있다고 했다. 하나는 일상적인 내용을 공유하는 개인 계정이고 다른 하나는 라이크쏠 판매 제품을 소개하는 비즈니스 계정이다. 물론 제품 판매의 첫 시작은 개인 계정이었다. 처음엔 한 개의 계정을 운영하며 내 라이프 스타일과 비슷한 사람들을 모았고 1,000명 정도의 인원이 모였을 때 본격적으로 공구를 진행했다.

일의 규모가 커지기 시작하면서 사적인 것과 일을 구분하는 것이 어려워 계정을 분리했다. 현재 개인 계정엔 팔로워 약 1만 명, 비즈니스 계정엔 팔로워 약 2만7,000명을 보유하고 있다. 그런데 개인 계정을 통해 마켓을 시작한 사람들 중 비즈니스 계정이 개인 계정보다 두 배 이상의 팔로워를 보유하고 있는 경우는 극히 드물다.

사실 비즈니스 계정은 개인적인 소통보다는 제품 위주의 사진과 후기 공유, 배송 알림과 같은 공지 형식의 콘텐츠가 많아 계정을 활성시키거나 사람들을 모으는 것이 훨씬 어렵다. 팔로워를 유치했다 하더라도 이미 그 제품을 구매했거나 더 이상 그 계정에서 판매하는 제품이 내 취향과 멀어지기 시작하면 바로 팔로워를 끊을 수 있는 위험 요소들이 많다. 그럼에도 불구하고 나는 이례적인 결과를 달성했다.

어떻게 가능했을까? 라이크쏠 계정에 판매자 개인의 사진은 단한 장도 없다. 내가 오늘 어디서 무얼했고, 어딜 갔는지에 대한 사적인 소식도 알리지 않는다. 그저 라이크쏠에서 판매하는 제품에 관련된 정보만 끊임없이 공유한다. 그런데도 이 계정은 꾸준히 성장하고 팔로워가 지속적으로 늘고 있다. 핵심은 바로 라이크쏠에서 판매하는 제품의 차별성에 있다. 다른 온라인 몰에서는 쉽게 구매할 수 없는 제품이 주기적으로 올라오는 것, 거기에 라이크쏠만의 감성이 더해진 제품들을 구매할 수 있다는 점이 소비자들을 유혹하는 것이다.

그럼 도매사이트의 한계에서 벗어나 어떻게 하면 나만의 차별화된 제품을 찾을 수 있을까? 그 누구도 세상에 없는 제품을 판매할 수는 없다. 스스로 어떤 제품을 제작하여 판매한다고 할지라도 결국은 세상에 존재하는 카테고리 내에서 생산되는 것이지 새로운 무언가를 만들어 낼 수 있는 사람은 극히 드물다. **능력 있는 셀러의 조건은 세상에 있는 제품 중 아직 유명하지 않은 제품, 혹은 아직 가치를 알아보지 못한 제품을 가장 먼저 찾는 것이다.** 위대한 발명가들 역시 세상에 존재하지 않는 완전히 새로운 제품을 만드는 것이 아니라 "아! 왜 이런 생각을 못했을까?" 하는 발상의 전환을 통해 발명품을 만들어 낸다. 완성된 발명품을 보면 크게 대단한 것도 아닌데 결국은 누가 먼저 이런 생각을 했느냐가 위대한 결과물을 만드는 것이다.

전 세계적으로 유명한 투자가 워렌 버핏 역시 가치주에 투자를 해서 많은 돈을 벌고 있다. 사람들이 아직은 가치 있다고 판단하지 못한 분야들 중에서 워렌 버핏의 기준에서 앞으로의 성장 가능성이 있는 회사의 성장 가능성을 분석해 투자하는 것이다. 워렌 버핏이 회사의 가치를 분석하는 것에는 여러 지표가 존재한다. 재무재표라든지, CEO의 과거 행적이라든지, ROA같은 수치들이 판단 기준이 된다. 즉, 가치를 판단하기 위해선 해당 분야에 대한 정보가 많을수록 좋다.

제품을 찾을 때도 마찬가지다. 동일한 상품군에 있는 제품 중 100가지 제품을 분석해 한 가지를 선정할 때와 두 가지 제품 중 한 가지를 선정할 때 어떤 제품의 상품성이 더 클까? 물론 운좋게 두 가지 제품 중 한 가지를 선택했는데 그 제품이 베스트일 경우도 있지만 그것은 희박한 확률 싸움에 지나지 않는다. 누군가 제품 50개를 찾아보고 그중 가장 좋은 상품을 발견한다면 나는 100가지 제품 중 가장 좋은 상품을 찾는 노력을 기울여야 한다. 만약 내가 핸드폰 거치대의 필요성을 느껴 판매 제품으로 선택했다고 하자. 나는 제일 먼저 시중에 어떤 핸드폰 거치대가 가장 많이 유통되고 있는지를 살펴본다. 잘 팔리는 제품을 따라 가는 것이 아니라 피해가기 위한 시장 조사다. 그리고 나서 그 제품이 잘 팔리는 원인을 분석한다. 디자인이 예뻐서인지, 기능이 우수해서인지, 무게가 가벼워서인지 등 세부적인 요인들을 파악한다.

그리고 나서 내가 알고 있는 모든 검색 사이트에서 핸드폰 거치대를 찾는다. 구체적으로 이야기하자면 네이버, 쿠팡, 구글, 지마켓, 11번가, 옥션, 플리커, 핀터레스트, 인스타그램, 아마존, 알리바바 등 국내와 해외 사이트 할 것 없이 모든 종류의 핸드폰 거치대를 파악한다. 그중에서 디자인이 기존 라이크쏠의 콘셉트와 맞는 제품, 사람들이 핸드폰 거치대를 구매할 때 중요하게 생각하는 기본적인 기능이 충족되는 제품, 가격대가 맞는 제품을 추려낸다. 그렇게 몇 가지 제품이 추려지면 우선 국내에 해당 제품을 제조하는 공장이 있는지 수입 제품일 경우 국내에 수입처가 있는지를 검색한다. 만약 해당 제품을 오픈 마켓에서 찾았다면 오픈 마켓은 정책상 해당 제품의 제조사나 수입처를 기재하게 되어 있으니 상세페이지 하단에 기재되어 있는 정보를 활용하면 된다. 해외 사이트에서 해당 제품을 발견했다면 구글링이나 네이버 검색을 통해 국내에 공식 수입처가 있는지를 찾아보면 된다. 만약 해당 제품과 관련한 블로그 리뷰가 있다면 구매 대행으로 샀는지 직구를 통해 샀는지 국내 사이트를 통해 구매했는지도 파악할 수 있다.

나는 그렇게 찾은 제품 중 국내 판매처가 없어 직접 해외 소싱을 진행한 경험도 있다. 국내에 판매처가 없는 경우 제품의 희소성은 물론 가격 경쟁력을 확보할 수 있다는 장점이 있지만 해외 배송비나 관세 부과세 등 판매가에 영향을 주는 요소가 생긴다. 때문에 최종 판매가가 소비자들이 수용할 만한 수준인지를 고려해 판단해야 한다. 라이크쏠을 1인 기업으로 운영하고 있는 나는 여전히 좋은 제품을 찾는 일에 가장 많은 시간과 노력을 할애한다.

얼마전 내가 대박을 친 아이템이 하나 있었다. 빨대블럭이라는 제품인데 해당 아이템은 국내 판매처가 없어 아마존 직구로만 구매할 수 있었다. 그런데 기존에 교구제품을 공급받던 거래처 홈페이지에 빨대블럭이 업데이트되어 있는 것을 우연히 발견했다. 당시 해당 제품은 정식 판매가 시작되기 전이었고 KC 인증도 받기 전이라 샘플 사진만 올라와 있는 상태였는데 내 눈에 띈 것이다. 충분히 구매력을 일으킬 수 있는 아이템이라 판단한 나는 거래처에게 해당 제품에 대한 빠른 공급을 요청했다. KC 인증 작업이 완료되자마자 해당 제품의 판매를 시작한 나는 한 달 만에 2,000세트 판매라는 높은 판매율을 달성했다. 이후 거래처에는 라이크쏠에서 보고 왔다는 경쟁 업체의 문의 전화가 빗발쳤다.

다른 사람들이 판매하지 않는 좋은 제품을 제일 먼저 찾아서 고객들에게 소개하는 것만큼 짜릿한 경험은 없다. 그러니 언제 어디서든 촉을 세우고 좋은 제품을 살펴보는 훈련을 생활화하자.

♥ 2020년 라이크쏠의 베스트 셀링 아이템 빨대블럭

인스타마켓으로 '돈많은언니'가 되었다

마진 정하기

내가 인스타마켓과 관련한 유튜브 채널을 운영하며 가장 많이 받는 질문 중 하나는 "판매가는 어떻게 책정하나요?"다. 어느 정도의 마진을 붙여야 최소 손해 보지 않는 판매가가 되는지 기준을 모르는 분들이 많다. 판매가는 두 가지 경우로 나뉜다.

사입 제품일 경우와 제작 제품일 경우. 직접 제작해서 파는 제품의 경우엔 가격 설정이 자유롭다는 최대 장점이 있다. 동일한 제품을 판매하는 곳이 없으니 내가 얼마의 마진을 붙일 것인가는 제작자인 판매자 몫이다. 나의 경우엔 제작 상품의 경우 최대 200%의 마진을 붙여 제품가를 책정한다.

여기서 주의해야 할 점은 무조건 마진율을 크게 가져가는 것이 아니라 그렇게 판매해도 소비자들에게 수용 가능한 가격인가에 대한 점검을 스스로 해야 한다. 특히 제작자의 입장이 되면 내가 만든 제품이 자식처럼 귀하게 여겨져 오히려 객관적인 판단이 불가능한 경우가 있다. 주변 지인들에게 품평회를 해 보면서 해당 제품의 가격이 합당한지 의견을 들어보는 것도 좋다. 품평회를 할 때는 내 고객과 취향, 소비 능력 등이 비슷한 사람을 대상으로 해야 한다. 나는 제품을 만들면 가장 먼저 남편에게 보여 주곤 했다. 제작에 들어가는 수고나 비용 등은 일체 알려주지 않고 제품만 놓고 봤을 때 얼마 정도 가격이면 구매할 것인지를 물었다. 그러면 돌아오는 대답은 터무니 없었다. 제작 단가보다도 현저히 낮은 금액을 불러댔기 때문이다. 10년 전에 산 속옷을 아직도 입을 정도로 자린고비인 남편에게는 적정 판매가를 끌어낼 수 없었다. 이처럼 내 고객의 소비 성향과 정반대인 사람과 얘기해서는 안 된다. 결국 내 고객과 환경적 요인이 비슷한 나의 친한 고등학교 대학교 친구들, 조리원 동기들과 이야기를 나누며 합당한 판매가를 정할 수 있었다.

반면 제품 퀄리티도 좋고 디자인도 예쁘고 희소가치가 충분한 제품임에도 무조건 가격을 낮춰서 팔고 보자는 판매자들도 있다. 아직 브랜드가 탄탄하지 않고 확보된 고객이 많지 않을수록 가격으로 경쟁력을 보려는 판매자들이 있다. 하지만 제작 상품의 가격 설정은 첫 단추를 잘 끼워야 한다. 높은 가격을 내리는 것은 쉽지만 낮춰 둔 가격을 다시 올리려면 소비자들을 설득하는 데에 몇 배의 시간이 걸린다. 오히려 그 과정에서 보유한 고객들이 이탈하는 상황이 생기기도 한다. 때문에 내가 받아야 되는 만큼의 충분한 금액을 책정한 뒤 기간

할인이나 이벤트 할인 등의 명목으로 소비자들에게 홍보하는 편이 훨씬 전략적이다.

그럼 제작 상품의 가격 책정은 어떻게 해야 합리적인 걸까? 직접 제품을 제작해서 판매하는 핸드메이드 제품의 경우 대부분 원재료 값만 계산하는 경우가 허다하다. 나 역시 초창기에 그런 경험이 있다. 예를 들어 블랭킷 하나를 만드는 데 들어가는 원단 값이 만 원, 공임비가 5,000원이라고 하면 제품의 원가를 1만5,000원으로 계산한 뒤 거기에 마진을 붙이는 것이다. 그런데 이 원가에는 내가 이 제품을 만들기까지 투입된 스스로에 대한 인건비, 디자인비, 포장비, 부가세 등이 다 포함되어야 한다.

그래야 제품의 판매량이 많고 적음을 떠나 건강한 수익 구조를 만들 수 있다. 너무 낮은 가격으로 책정해 두면 판매량이 늘어날수록 그 일을 처리하는 인건비와 비례해 마진이 줄어드는 경우가 생긴다. 즉 많이 팔수록 오히려 손해가 되는 것이다. 팔로워 4만 명을 보유한 한 유아 가구 업체는 부부가 함께 핸드메이드 가구를 제작해서 판매했다. 그런데 시간이 지나면서 주문량이 많아지니 부부가 감당할 수 있는 수준을 넘어선 것이다. 이에 외주 업체를 섭외해 가구를 제작하는 방식으로 바꾸었는데 그 과정에서 판매 가격이 급상승하게 되었다. 결국 소비자들의 원성이 이어졌다. 오히려 가내 수공업에서 공장 생산으로 바뀌었음에도 가격이 올라가니 소비자들에게 가격 인상에 대한 설득을 실패한 것이다. 그러니 처음부터 너무 낮은 가격을 설정하지 말자.

사입 제품일 경우 판매가를 결정하는 방법이 두 가지가 있다. 한 가지는 본사에서 공급가와 판매가를 정해 주는 것이다. 최저 판매가가 정해져 있을 경우 시장 안에서 최저가 싸움을 하지 않아도 된다는 장점이 있다. 때문에 가격 외에 내가 이 제품을 어떻게 마케팅할 것인가에 대한 고민만 하면 된다. 본사에서 제시하는 판매가는 주로 공급가의 1.6~1.7배가 평균적이다. 1만 원짜리 도매 제품의 경우 소비자들에게 1만6,000원~1만7,000원에 판매가 가능한 것이다. 반대로 공급가는 정가 대비 60~70% 수준이 일반적이다. 소비자한테는 1만 원짜리 제품을 6~7,000원에 공급받는 셈이다.

다른 한 가지는 본사에서 공급가만 제시한 뒤 판매가를 자율로 위임하는 경우다. 이럴 경우 나는 우선 해당 제품을 네이버에 검색해 소비자들이 찾을 수 있는 최저가가 얼마인지를 알아본다. 그리고 공급가와 최저가의 마진율이 20% 이내라면 해당 제품은 과감히 진행하지 않는다. 그런데 예외의 경우도 있다. '미끼 상품'이 될 만한 아이템이면 말이 달라진다. 소비자들을 현혹할 수 있는 힘을 가진 제품들을 미끼 상품이라고 한다. 오프라인 옷가게에서 흔히 볼 수 있는데 매장 앞에 저렴한 제품들을 풀어 놓아 사람들의 발길을 이끌고 결국 가게 안으로 들어와 다른 제품도 보게 하는 전략을 말한다.

나 역시 어떤 제품이 이미 인지도가 높거나 구매력이 확보된 상품이라면 마진과 상관없이 진행하기도 한다. 실례로 인스타마켓 안에서 도서 제품은 마진 구조가 최악이다. 출판사, 유통사, 셀러가 마진을 양분하기 때문에 많아야 10%, 평균적으로는 7~8% 수익율이 발생한다. 그럼에도 불구하고 나는 1년에 1~2회 정도 도서 공구를 진행한다. 도서 정가제 때문에 소비자들이 서점에서 책을 구매할 경우 할인된 가격으로는 절대 구매할 수 없다. 그런데 내가 유통사를 통해 도서를 판매하면 카드사 할인이나 오픈 마켓 쿠폰 할인과 같은 방식을 적용시켜 가격을 낮출 수 있다. 이로써 소비자들은 나에게 책을 구매해야 할 이유가 생긴다.

또 한 가지는 육아 제품 시장에서 도서는 구매율이 상당히 높은 제품군에 속한다. 때문에 소위 말하는 박리다매가 가능하다. 그리고 도서는 일부러 찾아보고 구매하는 소비자들이 많기 때문에 책 판매로 내 브랜드를 알릴 수 있는 좋은 기회가 된다. 온라인 마켓에서는 첫 구매를 일으키는 것이 상당히 어렵다. 이 계정의 판매자가 믿을 만한 사람인지, 제품은 제대로 발송이 되는지, 제품의 퀄리티는 괜찮은지 등에 대한 수많은 요인들이 구매 행동을 결정하기까지 방해 요소로 작동한다. 그런데 도서류는 첫 구매에 대한 진입장벽을 낮추는 아주 고마운 아이템이다. 한 번 구매가 이루어지면 그 계정에서 다시 제품을 구입하는 것은 훨씬 쉬운 결정이 된다. 때문에 나 역시 고객 차원에서 마진을 포기하고 판매하는 제품들도 있다. 제품 특성에 따라 적정 마진을 세우는 것 역시 마켓을 유지하는 주요 전략인 셈이다.

♥ 도서 판매로 고객을 유인하고, 교육에 관심 있는 부모를 대상으로 독서대, 북카트, 지구본, 한글 교구 등을 연달아 판매했다.

인스타마켓으로 '돈많은언니'가 되었다

돈이 도는 상품 세팅하기

내가 가장 존경하는 부류의 셀러들이 있다. 바로 단일 제품으로 해당 브랜드를 확장해 가는 경우이다. 한 가지 제품으로 브랜드가 계속 돌아가려면 방법은 두 가지 뿐이다. 내 제품을 구매할 수 있는 소비자층을 계속 확장시켜 나가거나, 내 제품을 나 대신 팔아 줄 유통사를 늘리는 것이다. 둘 중 어느 하나 쉬운 방법은 없다.

내가 처음 라이크쏠을 만들었을 때 취급한 제품은 아기 이불이었다. All about baby fabric_Likesol 이라는 슬로건 아래 좋은 원단의 핸드메이드 이불들을 제작해서 판매했다. 그런데 이불이라는 아이템이 가진 한계성에 부딪쳤다. 소비자들은 대부분 1년에 이불을 한 번 구매할까 말까 한다. 아무리 디자인이 예쁘고 기능이 우수하다 한들 한 번에 이불을 2~3개씩 덮고 자는 사람들은 없다. 때문에 내가 판매하고 있는 아이템으로 브랜드를 확장하려면 계속해서 새로운 고객층을 확보해야만 안정적인 매출을 확보할 수 있었다.

처음엔 그걸 모르고 그저 팔릴 만한 제품만 주구장창 만들었다. 하지만 이불은 소모품도 아니고 일정 주기를 가지고 꼭 바꿔 줘야 하는 제품도 아니다 보니 매출에 한계가 있었다. 장사가 잘되고 돈이 돌아야 새로운 제품을 제작하거나 사입하면서 마켓을 꾸려나갈 텐데 매출이 오르질 않으니 운영에도 어려운 점이 많았다. 당시엔 오프라인 매장을 함께 운영하고 있었던 시점이라 당장 라이크쏠을 그만두고 다른 아이템을 찾을 수 있는 상황도 아니었다. 어떻게 하면 좋을지 긴 고민 끝에 아동복을 함께 판매하기로 결정했다. 우선 아동복은 Baby fabric이라는 범주에도 들어가는 품목이었고 무엇보다 소비자들의 수요가 많은 제품이다. 아동복은 실내복, 외출복, 등원복 등 카테고리가 세분화되어 있고 성장 속도가 빠른 유아기 아이들은 매 계절마다 옷을 사야 한다. 또한 옷은 여러 벌 가지고 있어도 새로운 소비를 불러일으키는 품목 중 하나다. 이불과 함께 아동복을 넣으면서 라이크쏠에서 돈이 돌아가는 구조를 만들었다.

처음 사업을 시작할 때 내가 판매하려는 제품이 소모품인지, 사치품인지, 필수품인지 체크해 보자. **우리가 인스타마켓으로 돈을 벌자고 마음먹었으면 단순히 내가 팔고 싶은 제품이 아니라, 내가 팔고 싶으면서도 돈이 되는 제품을 팔아야 한다.** 각 제품별 구매 주기나 수명 주기 등을 확인해 보며 돈이 돌아가는 구조의 제품 세팅을 해야 한다.

나는 라이크쏠에서 지속성을 가지고 꾸준히 판매하는 제품과

1~2회성 판매를 목적으로 기획된 제품들을 섞어서 판매하고 있다. 일명 스테디셀러라고 하는 제품은 구매량이 확 몰리진 않지만 꾸준히 판매되는 제품이기에 최소 매출을 만들어 주는 역할을 한다. 반면 1~2회성 기획 상품들은 애초에 장기 판매를 하지 않는 것을 마케팅 전략으로 가져가는 것이다. 이 시기에만 짧게 판매되고 차후 판매 예정이 없음을 고지함으로써 소비자들의 구매가 한꺼번에 몰리도록 하는 것이다.

　현재 라이크쏠의 판매 방식은 일주일에 1~2가지 아이템을 나누어서 고객들에게 소개한다. 쉽게 말해 월요일부터 수요일까지 한 가지 아이템을 판매하고 목요일부터 일요일까지 한 가지 아이템을 판매한다. 그럼 한 달에 6개에서 8개 아이템을 판매하게 되는데 판매 아이템의 순서를 정할 때도 제품의 특성에 맞게 구성하는 것이다. 계절의 영향이나 특정 시즌에 맞춰 팔아야 하는 제품들을 우선 배치하고 이후엔 구매 주기가 정해져 있는 상품들을 구성한다. 예를 들면 물티슈, 화장품, 세제, 기저귀 같은 생활용품들은 소모품이기 때문에 사용 시기에 맞춰 판매 주기를 세우면 안정적인 매출을 달성할 수 있다. 그후엔 고정 판매 상품(스테디셀러), 미끼 상품, 기획 상품 등을 적절히 구성해서 돈이 지속적으로 돌 수 있는 최적의 세팅을 한다. 이렇게 어떤 제품을 팔 것인가만 생각할게 아니라 어떤 시기에 어떻게 팔 것인가를 고민하는 것 역시 매출을 확장시키는 중요한 방법 중 하나이다.

돈이 도는 상품군은 따로 있다

1. 어떤 상품군을 팔 것인가 : 소모품, 사치품, 필수품

2. 재구매율이 높은 상품군인가

3. 재구매율이 낮더라도 한 번 모집한 고객이 연관 상품을 구매할 수 있는

   상품군인가

북치고 장구치고
내 장단에 춤추기

인스타그램은 단순하게 제품만 판매하는 곳이 아니라 라이프 스타일을 함께 파는 곳이라고 생각하면 쉽다. 그만큼 인플루언서의 영향력이 크고 내가 만약 1만 명 이상의 팔로워를 확보한 인플루언서로 성장할 수 있다면 안정적인 매출이 보장되는 시장이라고 단언할 수 있다. 그런데 인플루언서로 성장하는 과정에서 길을 잃는 사람들을 수없이 많이 보았고 나 역시 그러한 경험이 있다.

사업이라는 것이 노력한 만큼 꾸준하게 상승 곡선을 타면 좋겠지만 안타깝게도 그렇지 않다. 대부분 계단식 성장을 하게 되는데 정체기에 있을 때마다 누구나 크고 작은 슬럼프에 빠진다. 슬럼프를 유연하게 잘 견디는 사람들은 개구리가 뒷다리를 움추리듯, 다음 퀀텀 점프를 준비하며 묵묵히 그 시간들을 보내지만 사람들 대부분은 일을 그만두거나 다른 곳으로 눈을 돌리곤 한다. 나 역시 꾸준히 성장하던 사업이 정체기에 들어간 시점이 있었다.

사실 누구나 성장기에 있을 땐 외부로 눈을 돌릴 여력이 없다. 내 일을 하는 것만으로도 시간이 없을 만큼 바쁘기 때문이다. 그러다 정체기에 돌입하면 그제서야 주변으로 시선을 돌리게 된다. 그런데 나의 정체기와 누군가의 성장기가 우연히도 맞물리는 시점이 되면 그동안 스스로를 지켜 오던 기준이 휘청하는 계기가 된다. 라이크쏠은 '육아가 예뻐집니다'라는 슬로건 아래 개인적인 기준에 맞는 육아용품들을 골라 소개하는 편집몰이다. 라이크쏠은 유아기를 보내는 아이들이 다양한 색에 노출되었을 때 창의성이 자라나고 시지각 자극에 따른 오감발달이 고루 이루어진다고 생각한다. 그래서 유아 제품을 셀렉할 때나 제품을 표현할 때도 색에 집중을 하는 편이다. 그런데 어느 순간 무채색 계열의 유아용품들이 인스타그램 시장에 유행처럼 번져가기 시작했다.

아이방 인테리어는 물론 아동복, 침구류, 교구 할 것 없이 모든 제품에 색이 빠지기 시작했다. 알록달록하거나 패턴이 있는 제품보다는 화이트, 베이지, 브라운 등의 톤 다운된 단색 계열의 제품들이 마치 트렌드처럼 번지며 소비되는 것이다. 사업적으로 정체기에 있었던 나는 당시 수많은 고민을 했다. 라이크쏠의 전체적인 콘셉트를 바꾸고 트렌드에 맞춰 변화를 줘야 하는 것은 아닌지, 다른 인플루언서들에게 판매력을 보장 받은 제품들을 골라 라이크쏠에서도 소개해야 하는 것은 아닌지 말이다.

그러려면 우선 스튜디오로 활용하고 있는 우리 아이의 방 인테리어 먼저 대대적으로 바꿔야 했고, 내가 제품을 셀렉할 때 판단하는 기준 역시 바꿔야 했다. 트렌드를 따라가는 것과 나만의 기준을 유지하는 것 사이에서 팽팽한 줄다리기를 한동안 계속해 갔다. 하루에도 열두 번씩 마음이 이랬다 저랬다 했다. 내가 브랜딩이라는 이름하에 고수하고 있는 현재의 콘셉트가 개인적인 아집은 아닌지, 정체기가 아닌 하락기로 향해가고 있는 것을 자각하지 못하고 있는 것인지 내적 갈등이 수도 없이 일어났다. 그때 130만 유튜버로 유명한 박막례 할머니의 한 문장이 나를 살렸다. "왜 남한테 장단을 맞추려고 하나. 북 치고 장구 치고 니 하고 싶은 대로 치다 보면 그 장단에 맞추고 싶은 사람들이 와서 춤추는 거여."

그동안 내가 잘 만들어 온 브랜드의 기준이 남을 향하는 순간 브랜딩은 실패한다. **브랜딩은 그것을 만든 판매자와 정신이 연결되어 있다.** 때문에 판매자의 가치관과 일치하지 않고 외부의 흐름이나 다른 사람을 모방하며 억지로 만들어 낸 브랜드는 절대 오래 유지될 수 없다. 만약 내가 그 당시 내 기준이 아닌 다른 사람의 기준에 따라 라이크쏠의 콘셉트를 바꾸고 취급하는 제품에 변화를 주었다면 지금과 같은 라이크쏠은 만들지 못했을 것이다. 지금도 여전히 누군가를 따라하며 그 뒤를 쫓아가는 아류 업체로 겨우 돈을 벌고 있을지도 모른다.

내 주변 사람들은 "이거 참 라이크쏠스럽다." 라는 표현을 자주 한다. 어떤 유형의 제품을 보고 '라이크쏠스럽다'라는 표현을 할 정도면 성공적인 브랜딩을 달성했다고 생각한다. 그리고 라이크쏠 하면 핑크색이 한눈에 떠오른다고들 한다. 중간중간 한눈을 판 시간들이 있었지만 그럴 때마다 오히려 라이크쏠스러움을 잃지 않기 위해 더욱 브랜드에 충실한 제품들을 찾아다녔다. 트렌드를 뒤쫓는 사람이 될 것인지, 아니면 그것과 상관없이 나만의 스타일을 만드는 사람이 될 것인지는 결국 판매자의 생각과 태도에 달려 있다.

다시 처음으로 돌아가자. 인스타그램은 라이프 스타일을 함께 판매하는 공간이다. 그런데 라이프 스타일은 사람마다 각기 추구하는 미적 기준도 가치도 다르기 마련이다. 만약 이 기준이 하나로 동일하다면 인스타그램 내에서도 상위 몇 %만이 돈을 버는 구조가 될 것이다. 그러나 라이프 스타일에는 각자의 개성이 묻어나기 때문에 저마다의 매력을 보여줄 수 있다. 물론 살다 보면 취향이 변화하는 시점이 찾아오기도 한다. 그런데 그 취향이 나로부터 시작되는 것이라면 콘셉트에 변화가 있어도 사람들이 받아들이는 데 거부감이 없고 자연스럽다. 하지만 그 취향이 타인의 기준에 맞춰지는 순간 길을 잃기 시작한다.

가끔씩 이런 경우가 있다. 어떤 영화가 천만 관객을 동원해 흥행에 성공하면 꼭 그 영화의 주인공에 캐스팅되었으나 거절한 배우들이 소개되는 걸 봤을 것이다. 마치 그 배우가 로또 1등짜리 종이를 놓쳐서 안타깝다는 듯한 내용의 글들이 생산된다. 그러나 그 배우가 그

영화를 찍었다고 가정했을 때도 천만 관객을 동원할 것이라는 확신은 그 누구도 할 수 없다. 즉, 남들이 잘하고 내 눈에 좋아 보이는 누군가의 것을 내 것으로 만들어도 내 시장 안에서는 그것이 성공하지 않을 확률이 더 높다는 말이다. 그러니 다른 것에 한눈 팔지 말고 나의 라이프 스타일과 내 마켓의 콘셉트에 충실한 나만의 제품 리스트를 꾸려야 한다. **한눈 팔지 않을 용기! 나는 그것이야말로 성공하는 브랜딩 전략이자 내 마켓을 키울 수 있는 핵심 요소라고 생각한다.**

돈많은언니만의
제품 셀렉법

—————— 나만의 브랜드 콘셉트 하에 트렌드에 맞는 제품을 시의 적절하게 판매할 수 있다면 그것이야말로 성공으로 향하는 절대적 지름길이다. 그럼 나는 어떻게 소비자들이 원하는 제품을 찾고 있을까?

가장 중요한 것은 시대의 흐름이나 소비 트렌드를 파악하는 것이다. 2020년은 코로나로 시작해서 코로나로 끝난 해였다고 말할 수 있다. 전례 없던 전염병의 확산으로 사람들의 라이프 스타일이 180도 변했다. 등원 중지, 재택근무, 5인 이상 집합 금지 등의 행정 명령이 떨어지면서 사람들은 집에 있는 시간이 늘었고 소비 패턴에도 많은 변화가 생겼다. 이런 변화를 빠르게 감지하고 판매 제품을 새롭게 구성한 사람은 2020년 모두가 난세라 말하는 위기 속에서도 성장하는 기회를 가졌으나 언젠가 끝나겠지 하고 관망한 사람들은 결국 위기를 맞았다.

육아용품 시장도 마찬가지였다. 외출복보다는 실내복이 더 많이 팔렸고 삼시세끼 집에서 밥을 차려야 하는 엄마들의 수고를 덜기 위해 HMR(Home Meal Replacement : 가정식 대체 식품) 제품들의 소비가 수직 상승했다. 나는 2020년 집에서 많은 시간을 보내야 하는 아이들을 위해 '슬기로운 집콕 생활'이라는 콘셉트 하에 다양한 보드게임과 블록 제품들을 선보이며 매출 고공 행진을 이어나갔다. 소비 시장의 변화를 감지하지 못하고 그저 내가 팔고 싶은 제품을 판매하는 마켓은 도태될 수 밖에 없다.

나는 제품을 셀렉할 때 규모가 있는 도소매 사이트들의 구매 랭킹을 살펴본다. 시기별로 소비자들이 많이 구매하는 제품군이 무엇인지를 파악하고 지금 그 제품들이 왜 잘 팔리는지에 대한 원인을 분석한다. 그러한 소비자들의 니즈에 맞춰 내가 판매해야 하는 제품의 방향성을 정하는 것이다. 코로나의 확산으로 개인 면역에 대한 사람들의 관심사가 높아지면서 영양제나 건강 식품 혹은 가정용 운동기구 등의 소비가 증가한다면 나 역시 육아 카테고리 안에서 연관된 제품을 찾아보는 것이다. 실외 활동이 줄어든 아이들을 위해 비타민D가 많이 함유된 식품 혹은 영양제를 소개하거나 집에서 아이들의 대근육 발달에 도움을 줄 수 있는 교구 등을 준비한다. 시대의 흐름을 읽는 연습을 꾸준히 해야만 소비자들의 니즈에 맞는 제품을 때에 맞게 공략할 수 있다.

또 다른 방법은 네이버 데이터랩이나 구글 트렌드에서 제공하는 데이터를 활용하는 것이다. 해당 사이트에 접속하면 각 카테고리별로 그리고 시기별로 사람들이 어떤 검색어를 많이 사용했는지 확인할 수 있다. 해당 데이터를 활용하면 계절별로 사람들이 어떤 제품을 필요로 하는지도 미리 파악할 수 있다.

새 학기 시즌에는 아이들 학용품이나 등원 준비에 필요한 용품들이 검색어 상단에 있을 것이고 봄에는 미세먼지에 대비하는 제품들이 여름에는 모기 기피제나 더위를 이겨낼 수 있는 각종 용품들을 확인할 수 있을 것이다. 과거의 데이터를 분석해 사람들의 소비 트렌드를 분석하고 관련된 제품을 미리 준비하는 사람은 관련 제품을 시장에서 빠르게 선점할 수 있다. 다만 과거의 검색량이 당시의 시대 상황이 반영된 한시적 결과물인지 특정 이슈에 상관없이 꾸준하게 소비되는 제품과 관련한 검색량인지 파악할 수 있는 안목도 필요하다. **데이터 분석이 끝났다면 과거에 누군가 팔았던 제품, 혹은 현재 이미 잘 팔리고 있는 제품을 똑같이 가져다 팔아선 안 된다. 특정 아이템을 기준으로 내 마켓에 맞는 제품을 새롭게 찾아야 경쟁력이 생긴다는 것을 잊지 말자.**

돈많은언니의 성공 전략
/ 성공 키워드

팔이피플이 되는 법

나에게 컨설팅을 받는 사람들의 대다수는 이렇게 이야기한다. "저는 팔이피플처럼 보이는 게 싫어요." "너무 팔이피플 같으면 어쩌죠? 그래서 팔로워들이 줄어들까 봐 무서워요!" 여기서 말하는 '팔이피플'이란 인스타그램 안에서 물건을 파는 사람들을 비하하는 표현이다.

한 사람의 직업은 그 사람을 표현하는 하나의 수단이기도 하다. **의사는 의사처럼, 선생님은 선생님처럼, 종교인은 종교인처럼 그리고 장사꾼은 장사꾼처럼 보여야 하는 것이 당연하다.** 그런데 내가 팔이피플처럼 보이는 게 싫다는 말은 인스타그램 안에서 돈을 벌 생각이 없다는 말과 일맥상통한다. 인스타그램이라는 플랫폼 안에서 돈을 벌고자 생각했다면 팔이피플로 보이는 것을 두려워하거나 그렇게 보이지 않기 위해 애쓰는 것은 모순에 가깝다.

나는 자신있게 이야기한다. 돈을 벌고 싶다면 당당히 팔이피플이 되어야 한다고!

내가 팔이피플처럼 보이는 것을 주저하는 행동은 결국 내 계정의 주도권을 팔로워들에게 넘겨주는 셈이다. 오히려 나는 팔이피플임을 인정하되 '어떠한' 팔이피플로 보일 것인가에 초점을 맞추라고 이야기한다. 그저 돈을 벌고 싶은 욕심에 이것저것 소개하면서 소비자들에게 갑질하는 팔이피플이 될 것인지! 아니면 정말 내가 직접 사용해 보고 좋은 제품을 진심을 다해 판매하면서 소비에 합당한 가치를 전달해 주는 팔이피플이 될 것인지를 말이다.

사실 인스타그램 안에서 팔이피플이라는 표현이 생겨난 이유는 다음과 같다. 구매 후 교환, 환불 불가, 카드 불가, 카드 결제 시 수수료 추가, 현금영수증 불가 등의 판매자 편익만을 위한 규정들을 걸어 두고 제품을 파는 사람들이 있었기 때문이다. 소비자 입장에서 생각해 보면 충분히 비합리적이고 거부감이 생길 법한 행동이다. 인스타그램 안에서 이런 판매 행태가 일반적이고 보편적이라면 그렇게 하지 않는 것만으로도 충분히 내 브랜드의 가치는 올라갈 수 있다. 판매자는 결국 소비자들로부터 성장한다. 아무리 독보적인 제품을 판매한다 할지라도 모래성으로 쌓은 브랜드는 결국 언제고 쉽게 무너진다. 하지만 소비자 편익을 우선시하면서 내 브랜드의 가치를 전달하는 팔이피플이 된다면 충분히 차별화된 메시지를 전달할 수 있다. 나는 팔이피플임을 인정하자. 팔이피플을 벗어나서는 우리는 절대 돈을 벌 수 없다. 라이크쏠의 고객들은 이런 표현을 자주 한다. '믿고 사는 라이크쏠' 여기서 '믿음'의 주체는 결국 판매자인 나 자신이다. 이러한 표현을 얻기까지 수없이 많은 노력이 있었다.

개인 인스타그램 계정이 성장하면서 일주일에 두세 번 꼴로 협찬 제안이 들어왔다. 지금껏 단 한번도 협찬을 안 받았다면 거짓말이지만 적어도 인스타그램을 운영하는 4년여의 시간 동안 내가 협찬을 받은 횟수는 3~4번에 불과하다. 제품의 퀄리티와 상관없이 '무상 협찬'은 긍정의 메시지를 남기게 되어 있다. 또한 제품을 오래 사용해 보지 않고도 그저 보여주기식 내용으로 업체에서 제시한 가이드라인 하에 글을 올릴 수 밖에 없다. 어느 순간 내 팔로워들을 속이는 기분이 들어 모든 협찬을 일절 거부했다.

라이크쏠의 운영에 있어서는 제품 셀렉부터, 가격 설정, 배송, AS, CS까지 어느 한 요소도 빠지지 않고 고객 입장에서 최선의 노력을 다했다. 단순히 돈 되는 제품들을 이것저것 가져와 소개하고, 팔았으니 그만이라는 태도로 인스타마켓을 꾸려 왔다면 나야말로 뒤에서 손가락질 받는 팔이피플 중 한 명이 되었을 것이다. 나에게 컨설팅을 받은 사람들 중 라이크쏠의 오랜 고객으로 인연이 맺어진 분들도 있다. 만약 고객의 입장에서 라이크쏠이 그저 그런 인스타마켓 중 하나였다면 절대 나에게 돈을 주고 컨설팅을 받아야겠다는 결정은 하지 않았을 것이다. 소비자들에게 신뢰를 주고, 내 브랜드만의 철학을 지닌 팔이피플이 된다면 팔로워들은 절대 떠나지 않는다. 그럼에도 불구하고 떠나가는 사람들이 있다면 그 사람들은 어차피 나와 오래가지 못할 인연으로 생각하고 쿨하게 보내 주자. 진심은 언제고 통하기 마련이고, 그 진심을 알아주는 또 다른 사람들이 분명 찾아올 것이다.

또 한 가지 중요한 점은 남들이 나를 팔이피플로 여긴다 할지라도 스스로가 본인의 가치를 절대 폄하해선 안된다는 것이다. 나는 처음 온라인 마켓을 시작했을 때부터 지금까지 한 번도 이 일을 하찮게 생각한 적이 없다. 나부터 스스로의 존재를 귀하게 여기지 않으면 남들도 나를 먼저 대접해 주지 않는다.

나는 오랜 노력으로 세상에 없던 '라이크쏠'이라는 브랜드를 만들어 냈고, 그 안에서 연 매출 5억 원을 혼자 힘으로 달성한 1인 사업장의 대표가 되었다. 인스타마켓은 누구나 쉽게 도전할 수 있는 일이지만 이만큼의 성과를 달성하기란 절대 쉽지 않았다. 만약 내가 지금까지 한 일들을 그저 팔이피플 중 한 사람으로 여기며 업신여겼다면 스스로의 가치를 함께 깎아 먹고 있었을지 모른다. 그럼 '돈많은언니'라는 유튜브도 시작하지 못했을 것이고 지금처럼 책을 출판하지도 못했을 것이다.

우리의 목표는 팔로워들에게 좋은 사람이 되는 것이 아니다. 나만의 사업을 확장시켜 어디에 내놓아도 부끄럽지 않은 나만의 브랜드를 만들고 그것으로 결국 돈을 버는 것이다. 그러니 팔이피플이라는 표현에 겁먹지 말고 진심을 전하는 팔이피플이 되는 것에 노력하자. 나의 존재 가치를 높이는 것은 결국 나로부터 시작된다.

타인의 시간표에서
벗어나기

─────────── 인스타그램은 참 잔인하다. 각 계정의 성적표가 적나라하게 수치화되어 공개된다. 팔로워는 몇 명인지, 팔로잉은 또 몇 명인지, 각 피드마다 좋아요와 댓글 수는 몇 개인지를 누구나 쉽게 확인할 수 있다. 몇 년 전부터 인스타그램이 일부 계정을 대상으로 좋아요 수를 표시하지 않는 테스트를 한 적은 있지만 여전히 적용되고 있지는 않다. 아마 인스타그램도 '성적표'를 공개하는 것이 사용자들의 경쟁을 일으켜 인스타그램 사용 시간을 늘릴 수 있다는 것을 알고 있는 듯하다.

나 역시 인스타마켓을 운영하며 때려 치우고 싶은 순간들이 종종 있었다. 그런데 그 순간들을 돌아보면 항상 다른 사람과의 비교가 원인이었다. 나보다 늦게 인스타그램을 시작한 사람이 더 팔로워가 많아진 경우나, 나와 비슷한 시기에 마켓을 시작했는데 훨씬 더 유명해지면서 수만 팔로워를 달성해 큰 돈을 벌고 있는 사람들을 보면 우울해졌다. 하루도 허투루 쓰지 않고 이 일에 최선을 다했는데 왜 나는 저만큼의 성과가 나질 않는 건지 자책하거나 실망했다. 내가 무엇을 잘못하고 있는 건지 스스로의 능력을 의심하기도 했다. 안 듣고 안 보면 그만이련만 인스타그램은 내가 보고 싶지 않은 것들도 왜 굳이 탐색 탭에 띄워 줘 가며 노출을 시키는 건지! 그 과정에서 수많은 좌절이 있었다. **내 일의 성과를 다른 사람과 비교하는 순간 실패가 시작된다.**

돌아보면 우리는 초등학교 6년, 중학교 3년, 고등학교 3년이라는 정해진 시간 동안 성적이라는 결과물을 내며 살아왔다. 그 안에서 일등부터 꼴등까지 순위가 정해졌고 성적에 따라 인생의 방향이 달라졌다. 스스로에 대한 절대평가보다는 남과의 비교에서 오는 상대평가가 더 익숙하다. 대학 생활도 마찬가지다. 그러다 보니 나도 모르게 누군가와 비교를 통해 스스로의 성적을 매기는 것이 익숙하다. 하지만 사업은 절대평가가 생명이다. 사업은 모두가 동일한 출발선에서 시작할 수 없다는 특징이 있다. 초기 자금, 인력, 노동 시간, 업무 환경, 사회적 이슈 등 사업에 영향을 끼치는 요소가 저마다 다르게 세팅되어 있다. 따라서 누군가의 결과물이 내 사업의 잣대가 되어서는 절대 안 된다. 그저 내 기준에 맞춰 내 속도대로 가야 한다.

'내가 이제 인스타마켓으로 먹고 살 만하겠구나'를 달성하는 데 대략 4년이 걸렸다. 그 사이 라이크쏠보다 빠르게 성장하며 단기간에 큰 매출을 달성한 브랜드들을 참 많이도 보았다. 그런데 뒤돌아보니 나는 4년이라는 세월 동안 사업을 하며 겪어야 하는 다양한 것들을 천천히 습득하고 배우며 한 걸음씩 성장할 수 있었다. 반면 너무 빠르게 성장한 업체들은 당연히 보고 배워야 할 것들을 놓쳐 오히려 순간의 실수로 고객들을 놓치거나 브랜딩에 실패하는 경우도 많이 보았다. 일을 해 보니 빠르다고 좋은 것도, 느리다고 안 좋은 것도 아니었다. 가장 중요한 것은 내 속도에 맞춰 성장하고 있느냐이다.

UK FAST의 CEO인 Lawrence Jones는 다음과 같이 말했다. "인생은 행동하기에 적절한 때를 기다리는 것입니다. 그러니까 긴장을 푸세요, 당신은 뒤쳐지지 않았습니다. 이르지도 않았습니다. 당신은 당신의 시간에 아주 잘 맞춰서 가고 있습니다." 결국 내 시간 안에서 최선을 다하는 것이 가장 중요하다. 내가 차곡차곡 쌓아 놓은 노력의 시간들을 타인과의 비교로 한순간에 무너뜨리는 것만큼 어리석은 행동은 없다.

사업을 할 때는 경주마가 되어야 한다. 말들은 사람과 달리 눈이 옆에 붙어 있어 시야각이 매우 넓다고 한다. 그래서 차안대를 채우지 않으면 시합을 하는 순간에도 앞에서 뛰는 말, 옆에서 뛰는 말, 뒤에서 쫓아오는 말을 한꺼번에 볼 수 있다고 한다. 보이는 게 많다 보니 주위가 산만해져 목표 지점까지 도달하지 못하고 중간에 그만두거나 다른 곳으로 이탈하는 경우가 생긴다. 그런데 차안대를 하는 순간 시야각이 350도에서 100도 안팎으로 확 좁혀진다. 오직 본인의 기량에 의지해 목표를 향해 달리는 경주마가 되는 것이다. 우리도 그래야 한다. 오직 나만의 목표를 세우고 시야각을 좁혀야 한다. 다른 사람들이 어디서 달리고 있는지 어느 만큼 왔는지 신경 쓸 이유가 없다. 그저 내가 뛸 수 있는 속도에 맞춰 목표를 향해 가다 보면 언젠가 결승선에 도착할 것이다.

A라는 사람은 20살에 법학과에 진학했으나 17번 만에 사시패스를 하고 변호사가 되었다. B라는 사람은 삼수를 하고 법학과에 진학했으나 졸업과 함께 사시패스를 해서 변호사가 되었다. 20대 초반에는 마치 A가 성공한 인생을 사는 것처럼 보였을지 모르지만 30대가 되었을 땐 B라는 사람을 성공했다고 했을 것이다. 하지만 A, B 둘 다 결국은 원하는 목표를 달성했다.

인생에 정답은 존재하지 않는다. 내 성공의 기준을 남들에게 맞추지 말고 스스로가 만족할 만한 결과를 달성해 보자. **'누군가'보다 나은 삶이 아니라 어제의 나보다 더 발전된 오늘의 나! 과거의 나보다 더 성장한 지금의 나만이 성공의 기준이 된다.** 속도가 아닌 방향을 제대로 맞춰야 한다. 서울에서 부산까지 가는 것이 우리의 미션이라고 생각해 보자. 누군가는 서울에서 대전까지 전속력을 다해 달리다가 대전부터 부산까지 느리게 갈 수도 있다. 누군가는 직선거리라고 생각하고 출발했으나 굽이굽이 돌아가는 길로 가게 될 수도 있다. 누군가는 처음부터 아주 천천히 창밖으로 보이는 모든 것을 둘러보며 하나하나 담아가는 사람도 있다.

나 역시 내비게이션을 세팅하고 목적지를 출발해도 지도를 잘못

보거나, 교통 상황이 변해 다른 길로 안내를 하거나, 진출로를 보지 못하고 그냥 통과해 돌아가는 경험을 종종 한다. 그 과정에서 중요한 것은 그길로 나와 다시 왔던 길을 되돌아 가는 것이 아니라 목적지까지 어떻게든 계속 가는 것이다. 돌아왔다고 생각한 길이 더 빠른 길이 되기도 하고, 모르고 지나친 길에서 그토록 가보고 싶었던 맛집을 발견할 수도 있다. 그러니 다른 사람의 속도와 상관 없이 묵묵히 내 길을 가는 것에 집중하자. **성공하는 사람들의 특징은 그저 성공할 때까지 하는 것 뿐이다.**

제품 설명의 비밀

온라인 쇼핑몰을 오랜 시간 운영해 본 사람이라면 제품의 상세페이지가 얼마나 중요한 역할을 하는지 공감할 것이다. 상세페이지는 소비자를 설득해 구매 전환을 일으키는 핵심 요소다. 그 안에 제품에 대한 자세한 기능 설명은 물론 이 제품을 구매해야 하는 합리적 이유를 전달한다. 이 상세페이지만 전문적으로 제작하는 업체와 디자이너가 얼마나 많은지 프리랜서 매칭 플랫폼에만 들어가 봐도 확인할 수 있다. 그만큼 중요하다는 이야기다.

그런데 인스타그램 내에서는 판매자가 직접 상세페이지 역할을 해야 한다. **핵심은 누구나 동일하게 전달할 수 있는 보편적 메시지가 아니라 내 브랜드만의 사용 설명서를 전달하는 것에 있다.** 내가 에어샤워기를 판매한 적이 있다. 에어샤워기는 샤워 후 바람으로 온몸을 말려주는 전자기기다. 지금까지 계속 콘셉트에 충실한 제품을 판매하라고 강조하더니 유아용품 몰에서 왜 갑자기 에어샤워기를 판매했는지 의아할 것이다.

먼저 나는 에어샤워기에 대한 개인적인 필요가 있었다. 나는 5세 딸아이를 한 명 키우고 있는데 생식기를 가려워하는 경우가 가끔 있었다. 병원에 가도 특별한 처방은 없었고 그저 생식기 건조를 잘해 주라는 말 뿐이었다. 딸아이다 보니 민감한 부분을 드라이기로 말려 주는 것도 이상하고 의사 선생님 말대로 속옷을 벗겨 놓고 있자니 그것도 엄마 입장에선 마땅치 않았다. 그러던 중 에어샤워기가 생각났다. 에어샤워기라는 제품 자체를 그 전부터 알고는 있었다.

에어샤워기는 원래 고급 남성 사우나에 이전부터 있던 제품이었다. 그런데 가정용 기기라기보다는 주로 업소에서 많이 쓰는 제품이었다. 그러다 최근 에어샤워기가 가정용으로 보급되기 시작하면서 조금씩 입소문을 타는 아이템이었다. 그런데 본사에서 설정한 해당 제품의 주 타겟층은 임신으로 허리를 굽히기 어려운 임신부, 그리고 거동이 불편한 어르신들이다.

내가 만약 해당 제품을 가져와 본사에서 만들어 둔 상세페이지를 그대로 붙여넣기했다면 당연히 해당 제품의 판매율은 저조했을 것이다. 그러나 나는 해당 제품의 타겟층을 완전히 바꿔 버렸다. 라이크쏠에는 내 딸과 비슷한 연령대의 자녀를 키우는 엄마들이 모여 있다. 그렇다면 나와 비슷한 경험을 한 번쯤 해 봤을 것이다. 아이를 키우는 엄마들의 공감대를 자극하며 우리가 이 제품을 왜 사야 하는지를 라이크쏠만의 입장으로 다시 설명했다. 에어샤워기는 원래 임신부와 어르신들이 주로 사용하는 제품이라 여겼는데 라이크쏠이 새로운 사용법을 제시함으로 타겟층이 완전 새롭게 세팅되는 것이다.

그러면 이전에는 해당 제품의 필요성을 느끼지 못하던 고객들이 하나둘씩 관심을 보이기 시작한다.

이처럼 제품을 판매할 때는 누구나 보편적으로 전달할 수 있는 메시지 외에 내 브랜드만이 줄 수 있는 가치 전달이 함께 들어가야 한다. 그래야 소비자들을 설득할 수 있는 힘이 훨씬 막강해진다. 그래서 내가 쓰는 판매 전략 중 한 가지는 절대 업체에서 제공해 주는 제품 사진이나 상세페이지를 사용하지 않는 것이다. 나는 무조건 샘플 구매를 해서 제품을 직접 사용해 보고 여기저기 다 뜯어보면서 라이크쏠에서만 이야기할 수 있는 셀링 포인트가 무엇이 있을지 찾아본다. 같은 제품을 팔아도 그 제품을 어떻게 보고 어떻

조회 3,168회 · yeommi__님과 qqqqq86님이 좋아합니다
likesol_official 오트루베는 오늘 3시까지 진행 후 마감됩니다
제가 정신이 없어서 제대로 된 홍보도 못했음에도 제품을 이미 잘 아시는 쏠럭님들의 구매가 많네요😊
제가 오트루베를 가져온 이유는 지극히 개인적으로 제게 꼭 필요한 제품이었기 때문이에요!
제가 딸아이를 키우다보니 가끔씩 소중한곳이 가렵다고 하곤했어요
아무리 깨끗히 닦여도 자기전까지 계속 긁어서 속옷도 다 쌓고 병원도 다녀왔어요
당시 의사쌤께서 물로만 닦여주고 핵심은 속옷입기 전에 완벽히 건조를 해줘야한다고 하더라구요
근데 어린애를 드라이기로 말려주기도 뭐하고 속옷을 안입히고 있기도 그렇더라구요
그래서 이제품을 사야겠다!! 생각했는데 가격적 부담이 있었어요
20만원 대 후반이거든요
오트루쏠 라이크쏠 판매가 확인하신 분들은 아물따 구매할 수밖에 없는 가격인 것 아시죠?!
한달 넘게 사용해보니 제가 고민하던 부분이 아주 시원하게 해소되었어요!!
남녀노소 누구에게나 필요한 제품이에요
없다고 불편하진 않지만 있으면 신세계가 열린답니다😊
이가격 오늘까지만 가능하니 서두르세요!!
구매는 프로필 링크 클릭하시면 홈페이지로 이동 가능합니다👆

♥ 에어샤워기라는 제품에서 이전에 없던 수요를 이끌어 냈다.

게 전달하느냐에 따라 소비자들은 다르게 받아들이게 되고 이전에 없

던 제품 가치를 새롭게 얻기도 한다. 정말 중요한 브랜딩 전략이자 차별화 방안이다.

그런데 대부분의 판매자들은 마치 앵무새처럼 제품을 판다. 제품에 대해 새롭게 공부하지 않고 같은 말만 반복한다. 나는 제품을 판매할 때 유사 카테고리에 있는 제품군을 묶어 마치 연재물과 같은 시리즈로 풀어내기도 한다.

내가 유아 교육서 중 영향을 받은 『거실 공부의 마법』이라는 책이 있다. 아이들의 학습 공간이 공용 공간인 거실에 있어야 하는 이유를 설명한 책이다. 해당 책에는 거실 공부를 위한 세 가지 아이템이 나오는데 '도감, 지도, 사전'이다. 라이크쏠은 여기에 영감을 받아 라이크쏠 만의 거실 공부 아이템을 구성했다. '지구본, 독서대, 북카트'다. 엄마들에게 책의 권위를 활용해 거실이 왜 학습 공간이 되어야 하는지를 설명하고 거기에 필요한 아이템을 소개한 것이다. 세 아이템 모두 엄마들의 큰 공감을 일으키며 높은 판매율을 달성했다. 독서대는 2주 만에 500개 이상이 판매되었다. 세 제품 모두 가격대가 있었음에도 소비자들에게 제품의 가치 전달에 성공한 것이다.

이처럼 같은 제품을 팔더라도 판매자가 이 제품을 왜 팔기로 결심했는지, 그리고 이 제품들을 구매함으로써 어떤 가치와 편익을 얻을 수 있는지를 설명하면 매출은 자연스럽게 따라오기 마련이다. 이것이야말로 단순히 제품을 파는 것이 아니라 라이프 스타일을 함께 판매하는 방법이자 전략이다.

소비자들은 단순히 '좋은' 제품보다 나에게 '필요'한 제품을 만났을 때 선뜻 지갑을 연다. 그럼 판매자는 제품의 좋은 점(What) 보다는 이 제품을 사야 하는 이유(Why)에 포커스를 맞춰야 한다. 하지만 대다수의 판매자들은 이 제품의 어디가 좋은지를 강조해 설명한다. 제품을 설명할 때도 판매자들이 쉽게 저지르는 실수가 있다. 내가 알고 있는 것을 소비자들도 알고 있을 것이라고 착각하는 것이다. 판매자 입장에서 당연히 이 정도는 소비자들도 알고 있겠지 하는 생각에 생략하는 정보들이 상당히 많다. 하지만 판매자의 정보와 소비자의 정보를 동일 선상에 두면 절대 안된다.

판매자는 해당 제품을 셀렉하기까지 유사 제품과 경쟁 제품을 분석하며 제품에 대한 정보력과 사용법을 충분히 숙지해 둔 상태다. 그러나 소비자 중에는 해당 제품을 처음 보는 사람도 있다. 때문에 제품에 대한 설명은 A부터 Z까지 세세할수록 좋다. 판매자가 어떤 제품에 대해 10가지를 소개하면 소비자들이 그 제품을 살 이유는 10가지가 되지만 판매자가 이 제품에 대해 100가지를 소개하면 소비자들이 그 제품을 살 이유는 100가지가 되는 것이다.

소비자 입장에서 자세히 설명할 것, 거기에 나만의 제품 활용법과 스토리를 담을 것! 이것이야말로 높은 구매력을 이끌어내는 나의 필승 비법이다. 판매자는 단순히 물건을 판매하는 것이 아니라 그 안에 담긴 가치를 판매하는 것이다. 효용 가치가 없으면 소비자들은 절대 지갑을 열지 않는다. 이러한 사실을 깨닫기까지 나 역시 오랜 시간이 걸렸다. 내 눈에 좋아 보이면 당연히 소비자들도 좋게 여길 것이라고 생각했다. 굳이 말하지 않아도 제품의 가치를 알아줄 것이라고 생각했다. 하지만 우리는 소극적인 소비자들까지 끌어올 수 있어야 한다.

우리가 홈쇼핑 채널을 보다 보면 어느 순간 저 제품을 사야 될 것 같은 유혹에 빠진다. 나랑 상관없는 제품이라 생각했는데 쇼호스트의 말을 듣다 보면 어느 순간 나와 딱 맞는 제품이 되어 있다. 게다가 지금 구매하지 않으면 손해 보는 듯한 기분까지 든다. 사람의 마음을 설득하는 것이 어려워 보이지만 사실 그 본질은 간단하다. 이 제품을 사용함으로써 얻게 되는 소비자 편익을 전달하면 된다. 돈과 맞바꿀 수 있는 가치가 무엇인지에 집중하면 된다.

지금 눈앞에 어떤 물건이 있는지 둘러보자. 판매자 입장에서 그 제품의 어떤 가치를 소비자들에게 전달할 수 있을지 고민해 보자. 반대로 나는 그 제품을 사용함으로써 어떤 효용 가치를 얻었는지 생각해 보자. 이것에 집중하면 적은 팔로워로도 돈을 벌 수 있다. 팔로워 수가 높다고 무조건 물건을 많이 파는 것이 아니다. 100명이 있어도 5명밖에 설득하지 못하는 사람과 10명만 있어도 5명을 설득할 줄 아는 사람이 있다. 당장은 둘의 매출이 동일해 보여도 장기적 관점에서 성과의 차이가 클 것이다.

제품에 대한 공부 없이는 소비자들을 설득할 수 없다. 자식 같은 마음으로 내 제품을 사랑하고 그 제품의 가치를 누구나 알기 쉽

게 전달하도록 노력해 보자. 분명 확연하게 달라진 매출의 차이를
확인할 수 있을 것이다.

사람이 아닌 환경으로
프레임을 전환하라

──────── 어떤 일이든지 가장 힘든 것이 바로 사람과의 관계에서 오는 어려움이다. 출퇴근 거리가 가깝고 연봉도 높고 추가 근무 없이 칼퇴근이 가능한 직장이라 해도 업무 시간 내내 나를 못살게 구는 직장 상사나 동료 직원이 있으면 당장이라도 때려 치우고 싶은 기분이 든다. 반면 밤샘 근무에 추가 근무가 많아 개인 시간이 보장되지 못한다고 해도 함께 일하는 사람들이 좋으면 일하는 시간도 즐겁다. "음식을 맛있게 먹으려면 좋아하는 사람들과 먹어라." 라는 말이 있을 정도로 관계의 힘은 상황적 열세를 극복하는 에너지가 되기도 한다. 업무의 힘듦보다 관계에서 오는 정신적 스트레스가 훨씬 에너지를 갉아 먹는다.

나 역시 온라인 몰을 운영하며 멘탈이 흔들리는 시점이 몇 번 있었는데 공통적인 원인은 모두 사람에게서 오는 시련이었다. 특히나 판매자 입장에서 말하는 '진상 손님'을 몇 번 경험하고 나면 내가 이 일을 계속 해야 하는가에 대한 회의감이 온다. 사업을 시작한 지 얼마 안 됐을 땐 손님과의 전화 한 통화에 손발은 벌벌 떨리고 심장이 두근두근거려 하루를 통으로 날렸던 적도 있었다. 내가 왜 이런 소리까지 들어야 하지? 내가 뭘 그렇게 잘못했지? 온전히 내 입장에서 생각하며 고객들을 이해하지 못했고 이해하려는 시도조차 하지 못했다. 나를 온전히 추스르기까지도 꼬박 하루가 넘는 시간이 걸렸으니 상대방을 이해할 시간이 없었다.

그러던 어느 날 서울대 심리학과 최인철 교수님의 '프레임'이라는 책을 읽게 되었다. 우리는 대부분 내가 하는 행동은 '상황 프레임'으로 남이 하는 행동은 '사람 프레임'으로 생각한다. 내가 남자친구 생일을 못 챙긴 것은 시간이 없고 일이 바빠서지만, 남자친구가 내 생일을 못 챙긴 것은 그 사람이 무심하기 때문이다. 내가 약속 시간을 지키지 못한 것은 오늘따라 차가 너무 막혀서고, 상대방이 약속을 지키지 못하면 그 사람이 시간 개념이 없기 때문이다. 이렇듯 같은 상황에서도 대상이 나인지 남인지에 따라 상황을 판단하는 프레임에 차이가 있다는 것이다. 그리고 우리는 이런 프레임의 차이로 '진상 손님'을 규정한다. 컴플레인하는 사람을 단순히 '사람 프레임'에 넣어 판단했기 때문이다.

이 책을 읽고 난 후 생각에 많은 변화가 있었다. 과거엔 상대방이

나한테 왜 이럴까 그 사람에 집중했다면 현재는 상대방이 오늘 안 좋은 일이 있었나 하고 상황을 생각한다. '그래 오늘따라 직장에서 스트레스도 받고 흰 셔츠를 입고 짬뽕을 먹다 국물까지 튀었는데 내 물건이 맘에 안 들었다면 충분히 기분 상한 상태로 항의 전화를 할 수 있지.' 오히려 컴플레인을 하는 사람들은 나의 처리 방식에 따라 다시 고객으로 남아 줄 여지가 있다. 악플보다 무서운 게 무플이라는 말처럼 오히려 아무 말 없이 등을 돌려 버리는 고객이 가장 무섭다. 그래서 판매자는 위기에 대응하는 능력 또한 중요하다.

나 역시 가끔씩 소비자의 감정 쓰레기통이 된 것 같은 기분이 들 때도 있었다. 이때 주의해야 할 것은 상대방은 나라는 사람 자체에 화를 내는 것이 아니라 이 상황에 화를 내고 있다는 것에 집중하는 것이다. 그래야 판매자도 상황에 휘둘리지 않고 건강한 정신 상태를 유지할 수 있다. 또한 끝까지 감정적으로 대응하지 않는 것이 중요하다.

나는 조금 손해를 보더라도 고객의 요구가 내가 해 줄 수 있는 범위 안에 있으면 최대한 들어주려고 노력한다. 나는 라이크쏠에서 구매한 제품들을 소비자들이 기분 좋고 즐거운 감정으로 사용했으면 한다. 그런데 만약 마음에 들지 않는 제품이나 문제가 있는 제품으로 기분이 상했다면 그 제품을 볼 때마다 라이크쏠의 브랜드 이미지 또한 부정적으로 생각할 것이다. 당장 제품에 대한 수익이나 반품 배송비로 손해가 될지라도 소비자가 제품에 대해 불만을 갖는 순간 내가 할 수 있는 선에서 모두 처리해 준다. 라이크쏠만의 AS 방법이기도 하다.

고객 입장에서 생각하고 그들의 문제를 해결해 주려 최선을 다한 다면 오히려 내 브랜드 가치를 높이는 것은 물론 충성 고객을 만들 수 있는 좋은 기회가 된다. 사업을 하다 보면 고객뿐만 아니라 일을 하는 과정에서 부딪치게 되는 많은 사람들이 있다. 가까운 가족일 수도, 지인일 수도, 거래처 사람일 수도, 혹은 경쟁 업체의 견제에 따른 충돌이 있을 수도 있다. 이럴 때 가장 중요한 것은 나의 사업적 마인드나 태도가 그들의 언어에 휩쓸리지 않는 것이다. "멀쩡한 직장 때려 치우고 그것밖에 못 벌거면 어디 가서 취업이나 해!", "규모가 너무 작아서 제품 공급은 못해 줄 것 같은데요.", "그럴 시간에 애나 키워.", "좋은 대학 나와서 결국 팔이피플이나 하는 거야?" 등 마음의 생채기를 내는 날카로운 말들에 힘들어지는 경우가 있을 것이다.

이런 말에 휘둘리는 사람은 결국 본인의 인생을 누군가 뱉어 두고 기억도 못 할 한마디에 맡겨 버린 꼴이 되는 것이다. 나는 그럴 때마다 오히려 보란 듯이 더 열심히 일했다. 내 인생은 내가 내뱉은 말과 태도에 의해서 결정되는 것임을 증명해 보이려 최선을 다했다. "유튜버 아무나 하는 거 아니야! 일도 하면서 그런 걸 어떻게 할려고 그래?" 라는 누군가의 말에 휘둘렸다면 나는 개설 4개월 만에 3만 구독자를 달성한 경제 유튜버로 성장하지 못했을 것이다.

나에게 부정적 시그널을 보내는 사람들에게 악착같이 더 잘 될수 있음을 보여 주었다. 그들에게 복수하는 최고의 방법은 얼마가 걸리든 그것을 당당하게 해내는 것이라고 생각했다. 나 역시 타인의 시선에 영향을 많이 받는 사람이었다. 저 사람이 이렇게 생각하면 어떡하지? 이렇게 행동했을 때 누군가가 날 싫어하면 어떡하지? 내가 이런 걸 하면 창피할 것 같은데? 그냥 가만히 있는게 낫지 않을까? 등 시작하기도 전에 주변의 시선을 의식해 주저하는 경우가 수백, 수천 번이었다.

이러한 생각을 깨기까지 나 역시 수많은 시간이 걸렸다. **분명한 것은 누구도 내 인생을 대신 살아 주지 않는다는 것이다. 그게 내 부모일지라도! 내 인생의 성과는 온전히 나의 언어와 태도에 달려 있다.**

모두 돈 많은 사람이
되길 바라며

그래서 돈 얼마나 많냐고?

               라이크쏠을 시작한 지 얼마 안 됐을 때 친구들과 이런 대화를 나눈 적이 있다. "나는 누군가 나를 지칭할 때 이렇게 불렀으면 좋겠어~! 그 언니 있잖아! 동탄에 돈 많은 언니! 그만큼 돈을 많이 버는 것이 내 목표야!"

농담 반 진담 반으로 한 말이지만 내심 그렇게 되기를 바랐다. 그래서 유튜브 활동명을 '돈많은언니'라고 정했다. 나는 '말이 씨가 된다'는 말을 믿는다. 살면서 내가 뱉은 말이 실현되는 경험이 참 많았다. 그래서 단 한 번도 부정적인 말의 씨를 뿌린 적이 없다. 지금은 나 스스로는 물론 유튜브 채널의 많은 구독자들이 나를 '돈많은언니'라고 부른다.

돈의 많고 적음이 주관적이니 얼마가 있어야 부자라고 단언할 순 없지만 분명 나는 시간이 흐를수록 돈 많은 언니가 될 것임을 확신한다. '돈많은언니'라 불리면서 정말 내가 돈을 많이 벌려면 어떻게 해야 할 것인지에 대한 고민을 참 많이 했다. 지금도 여기에 대한 고민을 끊임없이 하면서 어떻게 하면 부의 확장성을 가질 것인가 연구한다.

과거에 나는 라이크쏠이라는 인스타마켓이 유일한 부의 창출원이라고 믿었다. 라이크쏠에서 더 많은 고객을 확보하고 좋은 제품을 찾고 마케팅 방법을 연구하고 직원을 채용하는 것만이 돈을 더 많이 버는 것이라고 생각했다. 하고 있는 한 가지 일에 집중해야만 전문성을 가지고 큰돈을 벌 수 있을 것이라 생각했다. 그런데 주위를 둘러보니 이 세상에는 돈을 벌 수 있는 방법이 참 무수히도 많았다.

나는 4년 동안 필사적으로 노력하며 만들어 온 라이크쏠을 발판으로 다양한 수익을 창출하고 있다. 우선 나처럼 인스타마켓으로 돈을 벌고 싶어하는 사람들을 대상으로 돈 버는 방법에 대한 유튜브 콘텐츠를 공유한다. 조회수에 따른 유튜브 광고 수익 외에 협찬 광고 수익, 협업 제안에 따른 사업 확장 등의 부차적인 수입을 만들었다. 그리고 지금의 이 종이책을 출간하기 전 분량의 부담없이 누구나 쉽게 판매할 수 있는 전자책을 발간해 적지 않은 수익을 남겼다. 또한 1:1 컨설팅을 함께 하고 있는데 라이크쏠의 업무 시간 외의 자투리 시간을 활용해 라이크쏠에 버금가는 큰 돈을 벌고 있다. 이 모든 것이 단 6개월 만에 벌어진 일이다.

돈에 대한 사고를 확장하고 내 안의 프레임을 전환했을 뿐인데 돈 많은 언니라는 추상적인 목표에 점점 가까워진 것이다. 지금 이 책이 출간되고 나면 나에게는 '작가'라는 타이틀이 한 가지 더 생긴다. 분명 이 책을 통해 또 다른 가능성들을 만나게 될 것이라 확신한다.

'나'라는 사람과 내가 가진 환경은 그대로인데 스스로의 한계를 깸으로 단기간에 눈에 띄는 결과를 만들어 냈다. 과거엔 '나보다 돈 잘 버는 사람도 많고, 나보다 잘난 사람들이 많은데 내가 어떻게 하지?'라는 생각에 '사업이 조금 더 크면! 내가 조금 더 나이를 먹으면! 내가 조금 더 돈을 벌면'하고 생각했다. 그런데 '내가 나눌 수 있는 만큼의 정보도 필요로 하는 사람들이 있을 것'이라고 프레임을 전환했을 뿐인데 스스로가 정해 놓은 한계를 깨고 나니 내가 할 수 있는 것들이 보이기 시작했다.

N잡러의 시대라고 한다. 한 가지 직업으로 돈을 버는 것에 한계가 있으므로 부의 파이프라인을 여러 개 만들어 수익을 다각화하는 것이 지금 시대의 부자가 되는 방법이다. 나는 인스타마켓 라이크쏠을 통해 N잡러가 되는 탄탄한 기반을 만들 수 있었다.

돈을 버는 방법은 앞서 크게 네 가지로 나뉜다고 설명했다. 부동산, 주식(금융), 콘텐츠, 유통이다. 그런데 유통에 해당하는 **인스타마켓은 누구나 쉽게 무자본으로 시작할 수 있으며 N잡러로 발돋움할 수 있는 가장 효율적인 첫 단추가 될 수 있다.** 진입장벽은 낮지만 노력한 만큼의 결과를 얻을 수 있다. 나 역시 초기 자금 없이 맨몸으로 시작했음에도 연 매출 5억 원 달성의 1인 기업으로 성장했다. 누군가는 돈이 없어서, 누군가는 아이 때문에, 누군가는 경험이 없어서, 누군가는 지방에 살아서 등 시작하지 못하는 핑계는 사람마다 참 다양하다. '때문에'가 아니라 '그럼에도 불구하고'로 프레임을 전환하자.

나 역시 직업도 없었고, 돈도 없었고, 심지어 임신부였지만 그럼에도 불구하고 하루에 한 걸음씩 내딛었다. 한 달 매출이 40만 원일 때도, 400만 원일 때도, 그리고 4,000만 원이 된 지금도 그 걸음을 멈추지 않고 하루하루에 최선을 다한다.

인스타그램을 들여다보면 참 화려하고 멋지게 살아가는 인플루언서들을 볼 수 있다. 그러나 그 어떤 사람도 시작부터 인플루언서인 사람은 어디에도 없다. 그렇게 되기까지 보이지 않는 수많은 노력과 시간이 차곡차곡 쌓여 있다. 누군가는 하루에 세 개씩 꾸준히 콘텐츠를 만들었고, 누군가는 알람 설정까지 해 두며 매일 같은 시간에 사람들과 소통을 했다. 예쁘게 사진 찍는 방법을 공부하고 좋은 곳, 좋은 제품을 먼저 경험하며 거기에 대한 정보를 사람들에게 전달한다. 화려함 그 이면에는 저마다의 치열함, 꾸준함, 열정이 숨어 있다. 스스로가 만족할 만큼의 시간과 노력을 쏟아 보자.

요즘 여기저기 하루 3~4시간만 일해도 월 1,000만 원을 벌 수 있다고 이야기한다. 그러나 나는 자신 있게 말할 수 있다. 하루 3~4시간 일하면 부업에 해당하는 만큼의 돈만 벌 수 있다. 내가 엉덩이를 붙이고 앉아 일을 하는 시간은 3~4시간이 될지라도 그 외 20시간은 온통 이 일에 대한 생각으로 머릿속이 꽉 차야만 한다. 잠자는 그 시간에도 말이다. 그러니 사탕발림 가득한 말에 속아 허황된 꿈을 꾸지 말고 지금 내가 할 수 있는 것에 우선순위를 정하고 그것을 향해 최선을 다해 보자.

2021년 나의 목표는 1010100이다.

라이크쏠 연 매출 10억 원 돌파

유튜브 채널 구독자 10만 명 달성

한 달에 100명의 아이들을 후원할 수 있는 안정적 수익 창출

이렇게 세 가지다. 위 목표를 달성할 수 없을지도 모르지만 분명한 한 가지는 목표에 이르기까지 절대 멈추지 않고 내 방향과 속도에 맞춰 경주를 시작할 것이다.

나의 딸은 2021년 다섯 살이 되었다. 엄마가 일을 하는 것은 알지만 구체적으로 어떤 일을 하는지는 잘 모른다. 이 책을 집필하던 어느 날, 딸을 바라보다 문득 이런 생각이 들었다. 내 딸이 조금 더 자라 엄마가 어떤 일을 하며 어떻게 살고 있는지를 이해하고 있는 그 시점에도 내가 책을 쓰는 엄마라면 참 멋있지 않을까 하고 말이다.

그리곤 내 남은 인생에 책 3권은 꼭 남겨 보자 라는 또 다른 목표를 품게 되었다. 내 아이 앞에서 꿈꿀 수 있는 엄마로 살 수 있다는 것이 행복하고 그럴 수 있음에 참 감사하다. 적어도 '돈많은언니'라는 타이틀이 내 자식에게 부끄럽지 않도록 꾸준히 노력하며 계속해서 성장하는 엄마의 모습을 보여줄 것이다. **사실 나의 가장 큰 자산은 지금 통장에 얼마가 있느냐가 아니라 지속적으로 돈을 벌 수 있는 시스템을 만들어 둔 것이다.** 돈은 있다가도 언제든 없어질 수 있지만 혼자의 힘으로 돈을 벌 수

있는 체계를 만들기까지 참 열심히 달려왔다.

내가 자신 있게 말할 수 있는 한 가지는 내일 당장 통장 잔고가 0원이 된다 할지라도 분명 다시 그것들을 채워 나갈 수 있는 능력을 얻었다는 것이다. 돈은 마음만 먹으면 누군가 가져갈 수 있지만 내가 가진 능력은 누군가에게 억지로 주고 싶어도 줄 수 없는 고유의 영역이다.

돈많은언니의 진정한 의미는 사실상 돈(벌 수 있는 능력이) 많은 언니로 다시 정의할 수 있겠다. 지금 시작하기에 절대 늦지 않다. 이 책에 나와 있는 방법을 잘 숙지하여 본인의 것으로 만든다면 나보다 훨씬 빠른 시간 안에 돈 버는 능력을 가질 수 있다.

나의 남편은 직장인인데 열심히 일해 눈에 띄는 성과를 내어도 그 결과물은 직장의 소유가 된다. 또한 직장은 정해진 연봉 안에서 돈을 벌 수 밖에 없다. 개인적으로 아무리 좋은 아이디어가 있어도 직장의 방향성과 맞지 않으면 시도해 볼 수조차 없다. 물론 정해진 날마다 정해진 금액이 들어온다는 매력적인 장점은 있다.

하지만 내 일을 한다는 것은 내가 노력할수록 그에 합당한 성과를 스스로 얻는 것이다. 내 사업장이 커질수록 스스로의 브랜드 가치 또한 높아진다. 내가 일한 만큼 돈을 벌 수 있고 벌어들일 수 있는 수익에 한계가 존재하지 않는다. 내가 가진 능력 안에서 내가 하고 싶은 모든 것들을 마음대로 실현할 수 있다. 내 능력만큼의 성과가 보장되는 삶, 이 얼마나 짜릿한 일인지 꼭 경험해 보길 바란다.

내가 누군가보다 재능이 뛰어나거나 머리가 좋거나 여유 자금이 많아서 지금의 성과를 달성했다고 생각하지 않는다. 그저 남들보다 조금 더 먼저! 그리고 조금 더 부지런하게 살았을 뿐이다. 그러니 '내가 할 수 있을까?' 라는 쓸모없는 생각 대신 내 한계를 부수고 우선 시작해 보자. 스스로를 믿는 것부터가 일의 시작이다.

운칠기삼의
새로운 정의

───────── 나는 과거에 운이 참 없었다. 그것도 아주 지독히도 운이 없었다. 운만 따라준다면 내 인생 날개 달고 훨훨 날아갈 것 같은데 참 교묘하게 나만 쏙쏙 피해가는 느낌이었다. 내 부모는 능력과 상관없이 건설 회사를 잘못 만나 공사 대금을 못 받으면서 신용불량자가 되었고 하필 그 시기에 IMF가 같이 터졌다. 같은 학교, 같은 과를 나온 동기들은 나보다 학점이나 스펙이 부족해도 좋은 직장에 턱턱 취업도 잘하던데 나는 취업하기가 하늘에 별따기만큼 힘들었다. 인턴 기회를 얻어 정규직이 되기 위해 아둥바둥 발버둥쳐도 하필 그 해엔 공채가 없거나 회사가 어려워 직원을 충원할 여력이 안 된다고 했다.

아무리 높은 성과를 달성해도 그에 걸맞은 보상이 이루어지지 않았고 운이 올 때까지 버틸 수 있는 시간적 경제적 여유는 더더욱 없었다. 그럼에도 불구하고 내가 포기하지 않았던 것은 내가 성실하기만

하면! 내가 열심히 하면! 내가 나쁘게 살지 않으면 언젠가 그 운이 나를 한 번쯤 찾아오지 않을까 하는 기대감 때문이었다. 라이크쏠을 운영하면서도 마찬가지였다.

내가 요행부리지 않고 이렇게 열심히 하다 보면 언젠가는 성공하겠지 생각했다. 막연하고 기약 없는 기대감에 내 인생을 맡긴 셈이다. 이리저리 떠돌아다니던 운이 언젠가 내 인생에도 딱 하고 나타나 주기만을 기다리면서 살았던 것 같다. 그런데 뒤돌아보니 나는 그 운을 잡기 위해 복권 한 장 산 적도 없었고, 운 좋은 사건을 만들기 위해 노력해 본 기억이 없었다.

운은 기다림이 아니라 내가 직접 찾아다녀야 한다는 것을 과거엔 몰랐다.

운칠기삼의 정의는 모든 일의 성패는 운이 7할이고 노력이 3할을 차지하는 것이라 결국 운이 따라 주지 않으면 일을 이루기 어렵다는 뜻이다. 바꿔 말해 내 노력의 정도가 크지 않아도 좋은 기운을 만나면 누구든지 성공할 수 있다.

이 책 곳곳에 경제 유튜버 신사임당을 언급했다. 사실 신사임당과 나는 대학 선후배 사이다. 심지어 같은 학과에 같은 동아리 출신이다. 한 학번 밖에 차이가 나지 않아 학창시절 퍽 가까운 사이였다. 그런데 졸업 후 10년이 지나도록 개인적인 연락이나 만남을 가져 본 적은 없었다.

내가 경제 유튜브 '돈많은언니'를 시작하며 채널 확장성을 고민하던 중 신사임당 채널에 나갈 수 있다면 큰 도움을 받을 수 있을 것이라 판단했다. 그러나 신사임당과의 애매한 관계가 오히려 문제였다. 아예 모르는 선후배라면 "선배님 안녕하십니까!" 하고 연락하거나 친한 사이라면 아무렇지 않은 척 슬쩍 부탁을 해 볼 텐데 이도저도 아닌 애매한 관계가 걸림돌이었다. 모르는 척 연락하자니 마음에 쓰이고 그렇다고 친한 척 연락할만한 철면피는 못되었다. 몇 날 며칠을 고민하던 끝에 겨우 메일을 보냈다. 사실 메일 전송 버튼을 누르기까지도 내 안에 끊임없는 주저가 있었다. 마지막 심정은 이랬다. "그래 어차피 한동안 얼굴 안 보고 살아온 사이니 거절해도 달라질 것은 없다. 이 일의 성사 여부와 상관없이 나에게 손해되는 일은 없다."

그리고 메일을 보내자 곧바로 신사임당에게서 연락이 왔다. "야, 염미~!" 정말 어제까지 계속 만나 온 사이인 것처럼 과거 대학 시절 그대로 나를 맞아 주었다. 그리고 본인 채널에는 돈과 사업, 재테크 등에 관한 이야기라면 지인이든 아니든 상관없이 출연이 가능하다고 했다. 그렇게 신사임당 채널에 출연했고 그 결과는 역시나 어마어마했다.

♥ 경제 유튜버 '신사임당' 채널에 출연해 인스타마켓에서 성공할 수 있었던 노하우를 이야기 나눴다.

6개월 동안(이때는 본격적인 비즈니스 채널이 아니라 집과 관련된 콘텐츠를 전달하는 시기였다) 꾸역꾸역 구독자 2,000명을 모았던 내 채널은 신사임당 채널 출연 후 불과 48시간 만에 구독자 3,000명을을 유입시켰다. '운'을 찾기 위해 메일 전송 버튼 한 번 눌렀을 뿐인데 그 결과는 참으로 달랐다. 그리고 이 사건을 계기로 나의 채널은 빠르게 성장할 수 있는 기반을 마련할 수 있었다.

만약 내가 과거의 모습처럼 나만 열심히 하면 사람들이 알아주겠지 하면서 기다렸다면 지금처럼 단기간에 부의 파이프라인을 늘리지 못했을 것이다. **운도, 돈도 결국은 적극적으로 찾는 사람에게 간다는 사실을 깨닫기까지 참 오래 걸렸다.** 운도 결국은 내가 행동해야 찾을 수 있다. 아무것도 하지 않는 사람은 사실 운이 찾아와도 그게 운인지 모르고 흘려보낸다. 운을 사용하려면 내가 그것을 쓸만한 그릇이 먼저 되어야 한다. 내 그릇이 종지면 대운을 만난다 해도 결국은 종지만큼만 담을 수 있다. 즉 7할의 운을 담을 수 있는 3할의 노력은 최대한으로 해야 된다는 말이다.

운을 찾을 준비가 되었는가? 아니면 앞으로도 여전히 주어진 운명에 내 인생을 맡긴 채 주도권을 빼앗긴 삶을 살아갈 것인가? 나는 사주팔자를 믿지 않지만 만약 사주팔자가 존재한다면 그것은 아무것도 하지 않는 사람들에게만 적용되는 것이라고 생각한다.

내가 이 책을 쓰기까지, 라이크쏠로 안정적인 매출을 얻기까지는 남들보다 뛰어나거나 타고난 재능이 있어서가 아니라 그저 먼저 행동했기 때문이다. 무엇이든 시작해 보자. 그리고 그 안에서 치열하게 운을 찾자. "운이 없다." 라고 말하기 전에 내가 얼마나 열심히 운을 쫓고 있었는지 되돌아보자. 정작 '운'은 누군가 찾아와 주길 간절히 기다리고 있었는지도 모른다.

5년 전의 나와
5년 후의 나

——————————— 돈 버는 방법을 단 한 가지밖에 몰라도 그 한 가지를 실행할 줄 아는 사람은 돈을 번다. 돈 버는 방법 100가지를 알아도 단 하나도 실행하지 못하는 사람은 항상 그 자리를 맴돈다. 임신 중이라, 애를 낳은지 얼마 안되서, 조력자가 없어서, 돈이 없어서, 시간이 없어서, 지금은 때가 아니라고 생각해서…. 분명히 말하지만 여기에 나열된 그 어떠한 것도 일을 하지 못할 타당한 핑곗거리에 해당되지 않는다.

블로그 이웃 50명으로 처음 반찬 가게를 시작했다.

초기 자본 0원으로 시작했다.

아이를 낳기 하루 전까지 10시간을 동대문을 뛰어다녔다.

아이를 낳은 후 100일이 되자마자 다시 일을 시작했다.

6개월 된 아이를 아기띠에 메고 다니며 쇼룸을 함께 운영했다.

평균 수면 시간은 하루 4시간이었다.

5년 전의 나는 한 달에 200만 원 버는 것도 쉽지 않았지만, 5년이 지난 지금은 한 달에 2,000만 원을 버는 것이 가능해졌다. 분명 5년 후엔 한 달에 2억을 버는 것이 가능할지도 모른다. 지금 이 순간 5년 뒤의 내 모습을 상상해 보자. 지금처럼 계속 살아간다고 가정한다면 5년 후 내 모습은 어떤 모습인가? 더 나은 내일이 기대되는가? 오늘보다 더 발전할 내일에 설레는가? 아니면 지금과 크게 다를 바 없는 내 모습이 그려지는가?

당장 무언가를 할 것인가 말 것인가를 결정하는 것은 결국 스스로의 몫이다. 하지만 그러는 중에도 누구에게나 공평하게 주어진 시간은 흘러가기 마련이다. 만약 누군가가 나에게 스무 살로 다시 돌아갈 기회를 준다고 한다면 단칼에 거절할 것이다. 나의 20대는 암흑과 좌절의 연속이었다.

50개가 넘는 기업에 원서를 냈지만 서류 합격조차 쉽지 않았고 가세는 점점 기울어 갔다. 돈에 쫓기고 돈을 쫓는 날들의 연속이었지만 그럼에도 버틸 수 있었던 것은 분명 오늘보다 더 나은 내일에 대한 희망으로 현재에 충실했기 때문이다. 메리츠자산운용의 존 리 대표는 이런 말을 했다. "내가 부자 될 사람인지를 알아보는 방법은 간단하다. 내가 어제보다 오늘 더 부자인가를 체크하면 된다." 무릎을 탁 치게 만드는 말이다. **계속 같은 자리에 있으면서 더 나은 상황이 오기를 기다리는 것만큼 어리석은 일은 없다. 더 나은 삶을 원한다면 어제의 나와는 달라져야**

한다.

나는 확신한다. 지난 20대의 삶보다 30대의 내가 더 풍요로워진 만큼 40대, 50대의 모습은 지금보다 훨씬 멋있어질 것이다. 나는 다가올 미래가 기다려진다. 그래서 나는 어제보다 오늘 더 열심히 살 것이다. 아이를 유치원에 보내고 사무실에 출근해 라이크쏠 업무를 본다. 상품 소싱부터, 사진 촬영, 제품 업로드, 인스타그램 관리, 고객 응대, 제품 홍보, 판매, 포장, 배송, CS까지 혼자서 모두 처리한다. 아이 하원 시간에 맞춰 퇴근을 한 뒤 아이와 함께 오후 시간을 보낸다. 집에서 저녁 준비를 마치고 식사를 하고 나면 사무실에서 처리하지 못했던 나머지 업무들을 정리한다. 아이가 잠들고 나면 1:1 컨설팅을 하고 책과 신문을 읽는다. 매일 새벽 3시까지 책을 집필하고 일주일에 한 번씩은 유튜브 콘텐츠 촬영을 한다. 하루 24시간을 쪼개고 쪼개지만 나를 위해서는 단 10분의 시간을 내는 것도 쉽지 않다. 하지만 아이를 낳고 다섯 살이 되기까지 양가 부모님은 물론 그 누구의 도움도 받지 않고 내 손으로 아이를 키우며 지금의 성과를 달성할 수 있었다.

파이어족이라는 말이 있다. Financial Independence Retire Early의 약자로 이른 은퇴가 목표인 사람들을 부르는 말이다. 나는 5년 뒤 은퇴를 꿈꾼다. 그러려면 직접 움직여 돈을 벌지 않아도 알아서 자동으로 돈이 벌리는 시스템을 만들어야 한다. 그래서 나는 하루하루에 최선을 다한다. 누군가는 60세까지 일해도 손에 쥐는 것이 퇴직금 밖에 없는데 마흔에 은퇴 후, 내 아이와 가정을 위해 시간을 쏟을 수 있다는 것은 생각만으로도 짜릿하고 행복하다. 요즘 라이프 스타일의 메인 키워드 중 하나가 YOLO라고 한다. You Only Live Once의 줄임말로 한 번뿐인 인생 하고 싶은 거 하고 쓰고 싶은 거 쓰면서 살자는 말이다.

사람마다의 가치관이 다르니 옳고 그름을 따질 수 없지만 나의 생각은 이렇다. 돈을 쓰는 시기는 따로 없지만 돈을 버는 시기는 정해져 있다. 코로나19는 우리의 생활 패턴을 다르게 만든 것이 아니라 이미 정해져 있던 변화의 속도를 가속화시켰다. 재택근무, 화상 회의, 배달 서비스 확장, 새벽 배송, 온라인 수업, 온라인 마켓 확장, 오팔세대의 온라인 소비 증가 등은 갑자기 생겨난 것이 아니라 예견된 미래의 모습이었고 그것이 코로나19를 계기로 급하게 전개된 것 뿐이다.

과거를 돌아보면 유럽은 흑사병의 종식과 함께 르네상스 시대가 시작되었다. 코로나19로 우리에겐 또 다른 기회의 장이 열렸다. 온라인 시장의 성장은 지금보다 더 가속화될 것이고 인스타마켓 역시 그 흐름을 타고 더욱 성장할 것이다. 이 흐름에 올라타 달라질 5년 후의 내 모습을 구체화시켜 보자.

5년 후 또다시 그때 시작했으면 좋았을걸 하고 후회하지 말고 지금을 내 인생의 적기라고 생각하자. 요즘 MZ세대의 젊은이들은 내가 어떤 성과나 지위를 달성한 뒤 명품을 사는 것이 아니라 명품을 사는 것으로 내가 그럴 만한 사람이라고 역으로 인식한다고 한다. 내가 능력이 있어서 이 일을 시작하는 것이 아니라 일을 시작함으로써 거기에 맞는 능력 있는 사람이 되어 보는 것으로 프레임을 전환해 보자. 분명 어제보다 더 나은 오늘의 나를, 더 발전한 5년 후의 내 모습을 발견할 수 있을 것이다.

에필로그

'주위가 어두워서 아무것도 보이지 않을 때는 나와 가장 가까이 있는 불부터 하나씩 켜면 된다고 한다. 그러나 나는 깜깜한 이 상황에 누군가 스포트라이트를 팍! 하고 켜 주길 아직도 바라고 있었나 보다. 해야 할 일은 많고, 하고 싶은 일도 많고, 나를 짓누르고 있는 어깨가 너무 무거워서 모든 걸 놓아버리고 싶은 순간이 왔다. 차마 내 앞에 놓인 짐을 엎지도 버리지도 못하고 있는 이 상황이 사실 두렵고 겁난다.

내 나이 28살에 찾아온 이 위기를 나는 현명하게 이겨내고 싶다. 그래서 먼 훗날 이 시기를 돌아봤을 때 스스로에게 참 잘했노라 칭찬해 줄 수 있었으면 좋겠다. 28살의 내가 20살의 가난했던 나의 모습에 기죽지 않고 잘 버텨왔음을 칭찬하듯 내 안에 자리잡은 이 불안감을 이겨내고 더욱 성장하는 시간이 되길 소망한다. 그리하여 나와 비

숫한 고민을 하고 있는 사람들에게 내가 이겨낸 것처럼 그들에게도 변화를 가져다 줄 수 있기를 바란다.'

이 글은 내가 2014년 11월 3일 개인 블로그에 남긴 글 중 일부다. 내 나이 스물엔 앞이 보이지 않았고 스물여덟엔 불안과 두려움으로 점철된 날의 연속이었다. 하지만 억울한 현실에 안주하지 않았고, 계속되는 실패에도 굴하지 않았다. 이 공간을 빌려 과거의 나에게 수고했다고, 포기하지 않고 꿋꿋히 버텨줘서 고맙다고 전하고 싶다.

얼마 전 나는 청중 700명 앞에서 강의를 할 수 있는 기회를 갖게 되었다. 한 시간 강의료로 누군가의 한 달 월급에 해당하는 돈을 받으면서 말이다. 10년 전엔 감히 상상조차 할 수 없던 모습이었다. 그리고 인생의 버킷리스트 중 하나였던 종이책 출판도 이렇게 이루었다. 인스타그램 하나 시작했을 뿐인데 지금은 유튜버로, 콘텐츠 강사로, 컨설턴트로, 작가로 내가 원하던 모든 것들을 이룰 수 있게 되었다.

남들보다 뛰어난 재능이 있어서도, 든든한 후원자가 있어서도, 타고난 머리가 좋아서도 아니었다. **나에게 다른 한 가지가 있다면 더 나은 내일의 나를 위해 현재에 충실한 것 하나였다.** 그러니 이 글을 보는 누구라도 할 수 있다. 절대로 늦지 않았다. 10년 뒤 나는 어떤 삶을 살 것인지 구체적으로 상상해 보자. 그리고 그날의 나를 위해 지금 당장 해야 할 무언가를 시작해 보자.

나는 몇 년 전부터 항상 세바시(강연 채널 : 세상을 바꾸는 시간 15분)에 출연해 강의할 내 모습을 상상해 보곤 했다. 무대 위에 내가 어떤 옷을 입고 어떤 자세로 서서 어떻게 말을 할 것인지, 그리고 어떤 이야기들을 나눌 것인지를 아주 구체적으로 그려 보곤 했다. 아직 달성하진 못했지만 나는 확신한다. 언젠가 그 자리에 나는 꼭 설 수 있을 것이라고!

그날을 꿈꾸며 나는 이 세상에 도움이 되는 메시지를 전달할 수 있도록 앞으로 더욱 성장해 나갈 것이다. 단순히 돈 많은 언니가 아니라 그 돈으로 선한 영향력을 사회 곳곳에 펼칠 수 있도록 구체적인 계획들을 실현시킬 것이다.

우선 '내'가 정의하는 '나'의 한계를 깨고 스스로를 사랑해 보자. 이제부터 '나'는 무엇이든 할 수 있고 무엇이든 될 수 있는 사람이다. 나 역시 살면서 스스로 정해 놓은 한계 속에 본인을 가둬 두며 살았으나 그것을 깨는 순간 인생에 다양한 기회를 잡을 수 있었다. **'나'라는 사람은 그대로였으나 내가 나를 믿어 주는 순간 인생이 달라졌다.**

이 책을 여기까지 모두 읽었다면 이제 당장 무언가를 시작해 보자. 이 책을 읽기 위해 투자한 돈으로 꼭 수천, 수만 배의 가치 있는 삶을 만들길 바란다. 지금 이 순간에도 누군가는 생각만 하지만 누군가는 행동을 한다. 그리고 그런 행동이 하나둘 쌓여 인생의 변화를 경험하게 된다. 행동을 이끌어갈 힘만 있다면 누구나 돈을 벌 수 있다.

이 책을 구매한 사람들에게 도움이 될 수 있을 만한 정보를 하나도 숨김없이 모두 담았다. 컨설팅을 팔고자 핵심을 숨겨두거나 나의 몸값을 올리고자 과장을 섞지도 않았다. 하지만 온라인 시장은 트렌드가 빠르게 적용되는 특성을 지녀 종종 정보의 변화가 있기도 하다. 내가 운영하는 '돈많은언니' 유튜브 채널을 통해 새롭게 업데이트되는 인스타마켓, 혹은 사업에 관한 정보를 지속적으로 확인할 수 있다.

나를 '돈많은언니'로 만들어 준 인스타마켓을 꼭 부의 거중기로 활용해 보길 진심으로 추천한다. 원하는 삶을 위해 목표를 정하고 꾸준히 걸어가 보자. 꾸준함은 결국 승리한다.

마지막으로 이 책을 쓰기까지, 그리고 돈 많은 언니가 되기까지 옆에서 가장 큰 위로와 힘이 되어 주었던 나의 영혼의 파트너 문승진 씨에게 무한한 사랑과 고마움을 전한다.